MedR Schriftenreihe Medizinrecht

Herausgegeben von
Professor Dr. Andreas Spickhoff, Göttingen

Albrecht Wienke • Kathrin Janke
Hans-Jürgen Kramer
Herausgeber

Der Arzt im Wirtschaftsstrafrecht

Abkehr von unerwünschten und unerwarteten Strafbarkeitsrisiken in der vertragsärztlichen Berufsausübung

Springer

Herausgeber
Dr. jur. Albrecht Wienke
Fachanwalt für Medizinrecht
Rechtsanwälte Wienke & Becker – Köln
Präsident der DGMR e.V.
Sachsenring 6
50677 Köln
Deutschland
awienke@kanzlei-wbk.de

Dr. jur. Dr. med. Hans-Jürgen Kramer
Fachanwalt für Medizinrecht
Schatzmeister der DGMR e.V.
Hartmannstraße 8
80333 München
Deutschland
rakramermuc@yahoo.de

Dr. jur. Kathrin Janke
Fachanwältin für Medizinrecht
Kühlwetterstraße 10
40239 Düsseldorf
Deutschland
mail@kathrinjanke.de

ISSN 1431-1151
ISBN 978-3-642-19119-0 e-ISBN 978-3-642-19120-6
DOI 10.1007/978-3-642-19120-6
Springer Heidelberg Dordrecht London New York

Die Deutsche Nationalbibliothek verzeichnet diese Publikation in der Deutschen Nationalbibliografie; detaillierte bibliografische Daten sind im Internet über http://dnb.d-nb.de abrufbar.

Einbandentwurf: WMXDesign GmbH, Heidelberg

Gedruckt auf säurefreiem Papier

Springer ist Teil der Fachverlagsgruppe Springer Science+Business Media (www.springer.com)

Vorwort

Das Schlagwort der „Korruption im Gesundheitswesen“ macht seit einigen Jahren vermehrt auch in Kreisen der niedergelassenen Ärztinnen und Ärzte die Runde. Seit dem Jahre 2004 haben die gesetzlichen Krankenkassen Stellen zur Bekämpfung von Fehlverhalten im Gesundheitswesen eingerichtet. Nach dem gesetzlichen Auftrag in § 197 a SGB V ist es Aufgabe dieser Einrichtungen, Fällen und Sachverhalten nachzugehen, die auf Unregelmäßigkeiten oder auf rechtwidrige oder zweckwidrige Nutzung von Finanzmitteln im Zusammenhang mit den Aufgaben der jeweiligen Krankenkasse oder des jeweiligen Verbandes hindeuten. Ergänzend verpflichtet § 81 a SGB V die Kassenärztlichen Vereinigungen zur Einrichtung von Stellen, welche mit denselben Aufgaben wie die Krankenkassen beauftragt sind. Beide Parallelvorschriften sehen vor, dass in Verdachtsfällen auf strafbare Handlungen mit nicht nur geringfügiger Bedeutung für die Gesetzliche Krankenversicherung die zuständigen Staatsanwaltschaften unterrichtet werden sollen.

Dieser vom Gesetzgeber verordnete und von den Trägern und Selbstverwaltungseinrichtungen der Gesetzlichen Krankenversicherung aufgenommene Kampf gegen die Korruption im Gesundheitswesen ist mittlerweile auch bei den Vertragsärzten und Vertragszahnärzten angekommen. Viele solcher eingeleiteten Verfahren sind für die betroffenen Vertragsärzte und Vertragszahnärzte mit völlig neuen Erfahrungen verbunden. Vertragsärzte waren bisher von Vorwürfen der Bestechung und Bestechlichkeit weitgehend verschont; als eigene/r Herr/Frau im eigenen Praxisunternehmen genossen sie den Schutz von Freiberuflichkeit, Unabhängigkeit und Grundgesetz. Der ärztliche Beruf ist kein Gewerbe und seiner Natur nach ein freier Beruf. So heißt es nach wie vor in § 1 Abs. 1 der (Muster-)Berufsordnung für die deutschen Ärztinnen und Ärzte.

Ausgehend von den genannten Vorschriften zur Bekämpfung von Fehlverhalten im Gesundheitswesen könnte es mit diesen liebgewonnenen Freiheiten in strafrechtlicher Hinsicht bald vorbei sein, wenn man den Ausführungen der ersten in diesem Zusammenhang ergangenen obergerichtlichen Entscheidungen glauben will. Diese gerichtlichen Entscheidungen dürften für viele Vertragsärzte überraschend sein und die strafrechtliche Relevanz der vertragsärztlichen Tätigkeit in der Zukunft neu beleben. Bisher jedenfalls wurde die Frage, ob ein niedergelassener und zur vertragsärztlichen

Tätigkeit zugelassener Arzt „Beauftragter des geschäftlichen Betriebs der Krankenkasse“ im Sinne der Bestechlichkeitsdelikte des § 299 des Strafgesetzbuches (StGB) sein kann, bei Staatsanwaltschaften, Gerichten, ärztlichen Standesorganisationen und Medizinjuristen eher stiefmütterlich behandelt.

Daneben haben sich mit dem Vertragsarztrechtsänderungsgesetz und dem GKV-Wettbewerbsstärkungsgesetz (GKV-WSG) überaus komplexe Kooperationsstrukturen im Vertragsarztrecht entwickelt. Die Gesundheitspolitik will mit ihren Gesundheitsstruktur- und Modernisierungsgesetzen eine stärkere Zusammenarbeit zwischen den niedergelassenen Ärzten untereinander und den niedergelassenen Ärzten einerseits und stationären Einrichtungen andererseits fördern. Zudem versuchen viele niedergelassene Ärztinnen und Ärzte durch eine Anbindung an klinische Einrichtungen ein zusätzliches Standbein zu begründen, da die im Rahmen der Versorgung der gesetzlich krankenversicherten Patienten erzielbaren Honorare in den letzten Jahren kontinuierlich zurückgegangen sind. In Folge dieser Struktur- und Kooperationsentwicklungen in der Gesetzlichen Krankenversicherung haben sich in jüngster Zeit viele ungelöste rechtliche Probleme ergeben, welche ebenfalls strafrechtlich relevante Sachverhalte nach sich ziehen.

Die Vertragsärzte in Klinik und Praxis geraten in diesen Zusammenhängen zunehmend in strafrechtlich relevante Konfliktsituationen, die sich für sie als **unerwartet** darstellen. In solchen Situationen rechnen sie nicht damit, dass ihr Handeln auch spezifisch strafrechtlichen Anforderungen gerecht werden muss. Daneben sind Konfliktsituationen des ärztlichen Berufsalltags auszumachen, in denen sich die Frage stellt, ob das jeweilige ärztliche Handeln in Anbetracht des verfolgten gesundheitspolitischen Zwecks überhaupt strafbar sein sollte. Eine extensive Ausdehnung der Straftatbestände führt insofern häufig zu **unerwünschten** Strafbarkeitsrisiken.

Die Deutsche Gesellschaft für Medizinrecht (DGMR) e.V. hat sich dieses medizinrechtlichen Spannungsfeldes angenommen und vom 22. bis 24. Oktober 2010 in Einbeck dazu eine ihrer traditionellen Arbeitstagungen durchgeführt. Hierzu konnten namhafte Referenten und Diskutanten gewonnen werden, die sich in Lehre und Praxis mit der gesetzten Thematik bereits eingehend beschäftigt haben. Die DGMR ist damit ihrer satzungsgemäßen Aufgaben verpflichtet geblieben, auf dem Gebiet des Medizinrechts wissenschaftlich tätig zu sein, die interdisziplinären Beziehungen zwischen Recht und Medizin zu vertiefen und für ein besseres wechselseitiges Verständnis beizutragen.

Das abschließende Ergebnis des Workshops ist in einem Empfehlungstext festgehalten, den die Beteiligten in der hier vorliegenden Fassung verabschiedet haben. Es ist damit gelungen, Empfehlungen zu erarbeiten, die von allen Beteiligten des Workshops getragen werden und welche der Lehre und Rechtsprechung, aber auch den Selbstverwaltungsorganisationen im Gesundheitswesen und der Legislative neue Impulse verleihen sollen.

Besonderer Dank gebührt an dieser Stelle allen Beteiligten, die in kenntnisreichem und engagiertem Einsatz zum Gelingen der vorliegenden Publikation beigetragen haben. Hervorheben möchten die Herausgeber hierbei insbesondere das Engagement der Referenten und die maßgebliche Hilfe des Springer-Verlages, ohne deren Unterstützung die Publikation des vorliegenden Werkes nicht möglich gewesen wäre.

Die Herausgeber und die DGMR hoffen, dass das vorliegende Werk einen konstruktiven Beitrag und insbesondere einen Anstoß zur weiterführenden juristischen Debatte um das Arztbild der Zukunft leistet.

Köln im Mai 2011

Rechtsanwalt Dr. A. Wienke
Präsident der DGMR e.V.

Inhaltsverzeichnis

Autorenverzeichnis

Rechtsanwalt Dr. jur. Frank Heerspink
Fachanwalt für Strafrecht
Fachanwalt für Steuerrecht
HECKER WERNER HIMMELREICH Rechtsanwälte Partnerschaft
Sachsenring 69
D - 50677 Köln
Tel.: 0221 - 9 20 810
E-Mail: hp@hwhlaw.de

Prof. Dr. jur. Winfried Kluth
Martin-Luther-Universität Halle-Wittenberg
Juristische und Wirtschaftswissenschaftliche Fakultät
Lehrstuhl für Öffentliches Recht
Richter am Landesverfassungsgericht
Schriftführer der DGMR e.V.
Universitätsplatz 3 – 5
D - 06108 Halle (Saale)
Tel.: 0345 - 55 23 223
E-Mail: winfried.kluth@jura.uni-halle.de

Frau Assessorin Svenja Nolting
Ärztekammer Niedersachsen
Rechtsabteilung
Berliner Allee 20
D - 30175 Hannover
Tel.: 0511 – 380-2234
E-Mail: svenja.nolting@aekn.de

Alfred Ruppel
Kaufmännischer Direktor
Katholisches Klinikum Marienhof/St. Josef gGmbH
Rudolf-Virchow-Str. 7
D – 56073 Koblenz
Tel.: 0261 - 4963005
E-Mai: a.ruppel@kk-koblenz.de

Prof. Dr. jur. Hendrik Schneider
Universität Leipzig
Juristenfakultät
Lehrstuhl für Strafrecht, Strafprozessrecht, Kriminologie, Jugendstrafrecht und Strafvollzugsrecht
Burgstraße 27
D - 04109 Leipzig
Tel.: 0341 - 9735220
E-Mail: hschneid@rz.uni-leipzig.de

Rechtsanwalt Dr. jur. Maximilian Warntjen
ULSENHEIMER – FRIEDRICH Rechtsanwälte
Maximiliansplatz 12
D – 80333 München
Tel.: 089 - 2420810
E-Mail: warntjen@uls-frie.de

Rechtsanwalt Dr. jur. Albrecht Wienke
Fachanwalt für Medizinrecht
Rechtsanwälte Wienke & Becker - Köln
Präsident der DGMR e.V.
Sachsenring 6
D - 50677 Köln
Tel.: 0221 - 3765310
E-Mail: awienke@kanzlei-wbk.de

Aktuelle Entwicklungen in Rechtsprechung und Literatur zu unerwarteten und unerwünschten Strafbarkeitsrisiken in der ärztlichen Berufsausübung

Maximilian Warntjen

I.

Die forensischen Risiken der ärztlichen Tätigkeit nehmen auch in *strafrechtlicher* Hinsicht stetig zu. Sicherlich auch bedingt durch die zunehmende Ökonomisierung des Gesundheitswesens ist eine „Akzentverschiebung“[1] festzustellen: Vormals gänzlich „arztfremde“ und eher dem Wirtschaftsstrafrecht zugehörige Delikte wie etwa Betrug, Untreue oder das Korruptionsstrafrecht rücken in den Blickpunkt des Interesses und treten neben die klassischen Tatbestände des Arztstrafrechts, beispielsweise die fahrlässige Körperverletzung oder Tötung.[2]

Darüber hinaus zeichnet sich eine weitere Entwicklung ab: Zunehmend gerät der Arzt in Konfliktsituationen, die sich für ihn – im Sinne unseres Tagungsthemas – als ***unerwartet*** darstellen. Diese Bewertung nimmt Bezug auf einen *faktischen* Befund – der Arzt rechnet in einer bestimmten Situation nicht damit, dass sein Handeln auch *spezifisch strafrechtlichen* Anforderungen gerecht werden muss. Diesem Umstand kann insofern Relevanz zukommen, als der Täter nicht nur alle Sachverhaltsumstände kennen, sondern zudem „Bedeutungskenntnis“ haben muss. Dies meint, dass der Arzt durch eine sog. „Parallelwertung in der Laiensphäre“ die Bedeutung der Umstände nachvollziehen können muss, die eine Strafbarkeit begründen.[3] Kann er dies nicht, steht ein vorsatzausschließender sog. Tatbestandsirrtum (§ 16 StGB) im Raum. In den nachfolgend als unerwartet einzustufenden strafrechtlichen Konfliktsituationen der ärztlichen Berufsausübung wird also die **Vorsatzproblematik** im Vordergrund stehen.

Daneben sind Konfliktsituationen des ärztlichen Berufsalltags auszumachen, in denen sich die Frage aufdrängt, ob tatsächlich das „scharfe Schwert“

---

[1] *Lindemann/Ratzel*, Brennpunkte des Wirtschaftsstrafrechts im Gesundheitswesen, 2010, S. 5.

[2] *Ulsenheimer*, Arztstrafrecht in der Praxis, 4. Aufl. 2008, Einleitung Rn 7.

[3] *Fischer*, 57. Aufl. 2010, § 16 StGB, Rn 14.

des Strafrechts Anwendung finden muss oder ob eine strafrechtliche Sanktion im Sinne des Ultima-ratio-Prinzips nicht vielmehr ***unerwünscht*** ist. Die Einordnung eines strafrechtlichen Risikos als „unerwünscht" beinhaltet dabei eine *normative* Wertung. Hier ist es erforderlich, sich der Subsidiarität des Strafrechts und dessen fragmentarischen Charakters zu vergewissern und zu hinterfragen, ob tatsächlich eine **Strafbedürftigkeit** gegeben ist. Insbesondere wenn im Bereich des (Vertrags-)Arztrechts andere wirkungsvolle Sanktionsmechanismen sozial-, berufs-, approbations- und vertragsarztrechtlicher Natur zur Verfügung stehen, muss den gegenwärtigen Entwicklungen und Bestrebungen entschieden entgegengetreten werden, das Strafrecht als Auffanginstrument für Rechtsverstöße jeglicher Art zu instrumentalisieren.

II.

Im Mittelpunkt der nachfolgenden Überlegungen werden die typisch *wirtschaftsstrafrechtlichen* Delikte stehen, die im Zusammenhang mit der ärztlichen Berufsausübung relevant sind, vor allem also der (Abrechnungs-)Betrug, die Untreue und das Korruptionsstrafrecht. Mit Blick auf diese Delikte sollen anhand von Rechtsprechung und Literatur aktuelle Entwicklungen nachgezeichnet und Konfliktsituationen dargestellt werden, in denen sich die bestehenden Strafbarkeitsrisiken als „unerwartet" oder „unerwünscht" darstellen.

1. *Unerwartete* Strafbarkeitsrisiken der ärztlichen Berufsausübung

In der jüngeren strafrechtlichen Rechtsprechung sind zwei Entwicklungen auszumachen, die zu (für den Vertragsarzt) *unerwarteten* strafrechtlichen Risiken führen. Der Bundesgerichtshof hat zunächst in zwei Entscheidungen die Anwendbarkeit des Untreuetatbestandes (§ 266 StGB) auf Vertragsärzte[4] bei einem sozialrechtlichen Fehlverhalten bejaht.[5] Der BGH begründet dies unter Bezugnahme auf die Rechtsprechung des Bundessozialgerichts mit dem Argument, der Vertragsarzt trete bei der Verordnung von Arzneimitteln

---

[4] Gleiches dürfte auch für *ermächtigte* Ärzte gelten, § 31 Zulassungsverordnung/Ärzte.

[5] BGHSt 49, 17 ff. = MedR 2004, S. 268 und BGH, MedR 2004, S. 613 ff. Ausführliche Kritik bei *Geis*, GesR 2006, S. 345 und *Ulsenheimer*, MedR 2005, S. 622. Dem BGH folgend etwa OLG Hamm, MedR 2005, S. 236 mit krit. Anm. *Steinhilper*.

als „Vertreter der Krankenkasse" auf. Ihm obliege damit, so der BGH, eine Vermögensbetreuungspflicht gegenüber der Krankenkasse.

Unter Rückgriff auf Vorarbeiten in der strafrechtlichen Literatur[6], die sich wiederum auf die Überlegungen des BGH zur Vertragsarztuntreue stützen, hat dann erst kürzlich das Oberlandesgericht Braunschweig für Aufsehen gesorgt, indem es Vertragsärzte als „Beauftragte der Krankenkassen" einstuft.[7] Das OLG Braunschweig begründet seine der zuvor ganz herrschenden Meinung in der Literatur zuwiderlaufende Auffassung mit der Stellung des Vertragsarztes als „Schlüsselfigur der Arzneimittelversorgung".

Sowohl die Subsumtion sozialrechtlicher Pflichtverletzungen des Vertragsarztes unter den strafrechtlichen Tatbestand der Untreue als auch die Einbeziehung des Vertragsarztes in das Korruptionsstrafrecht vermag – aufgrund Verkennung *sozialrechtlicher* Zusammenhänge – nicht zu überzeugen und führt zudem zu *unerwarteten* Strafbarkeitsrisiken des Arztes.

a) Vertragsarztuntreue

Der Straftatbestand der Untreue sieht sich seit jeher verfassungsrechtlichen Bedenken unter dem Gesichtspunkt der mangelnden Bestimmtheit, Art. 103 Abs. 2 GG, ausgesetzt. Die scheinbar „bedenkenlose Überstrapazierung der Untreue durch Strafverfolgungsbehörden und Gerichte"[8] wird begünstigt durch die „kaum zu überbietende Vagheit und Konturenlosigkeit"[9] des Tatbestandes.[10] Es wundert also kaum, dass strafrechtliche Rechtsprechung die Vorschrift nun auch im Bereich des Vertragsarztrechts anwendet.

In dem vom BGH entschiedenen Fall geht es um die Ausstellung vertragsärztlicher Verordnungen ohne medizinische Indikation. Konkret verordnete der Hausarzt seinem gesetzlich versicherten Patienten ein Übermaß an Infusionslösungen, die dieser nach Vorlage des Rezeptes in der Apotheke und Erhalt der Medikamente anderweitig verwendete. Der BGH greift in

---

6 *Pragal*, NStZ 2005, S. 133, kritisch hierzu etwa *Geis*, wistra 2005, 369 (370); *Klötzer*, NStZ 2008, 12; *Sahan*, ZIS 2007, 69; *Schnapp*, in: FS Herzberg, S. 795; *Taschke*, StV 2005, 406 (410).

7 Vom 23.02.2010, Az.: Ws 17/10 = PharmR 2010, S. 230 mit Anm. *Dieners*; vgl. hierzu *Brockhaus/Dann/Teubner/Tsambikakis,* wistra 2010, S. 418; *Dannecker*, GesR 2010, S. 281; *Frister,* in: Lindemann/Ratzel (Hrsg.) Brennpunkte des Wirtschaftsstrafrechts im Gesundheitswesen, S. 99; *Schneider*, HRRS 2010, S. 241; *Steinhilper*, MedR 2010, S. 499; *Warntjen/Schelling*, PharmR 2010, S. 509.

8 *Ulsenheimer*, MedR 2005, S. 624.

9 *Seier*, Bochumer Beiträge zu aktuellen Strafrechtsthemen, 2003, S. 145.

10 Erst kürzlich hat sich allerdings das Bundesverfassungsgericht erneut mit der Verfassungsmäßigkeit der Norm und seiner Auslegung durch die Fachgerichte befasst und dabei ausgeführt, die Vorschrift sei „noch" mit dem Bestimmtheitsgebot vereinbar, Beschluss v. 23.06.2010, Az.: 2 BvR 2559/08, vgl. hierzu *Becker*, HRRS, S. 364.

seiner Entscheidung auf die Rechtsprechung des 3. Senats des Bundessozialgerichts zurück, nach welcher der Vertragsarzt bei der Ausstellung der Verordnung als „Vertreter der Krankenkasse" „mit Wirkung für und gegen diese eine Willenserklärung" abgebe.[11] Diese Auffassung begegnet, wie *Geis* zutreffend herausgearbeitet hat,[12] bereits sozialrechtlichen Bedenken, da sie verkennt, dass der durch den Vertragsarzt bei seiner Verordnungsentscheidung vorgenommene Konkretisierungsakt hinsichtlich des dem Versicherten zustehenden Leistungsanspruchs *öffentlich-rechtlicher Natur* ist[13], so dass es der angenommenen zivilrechtlichen Abläufe nicht bedarf.

Problematisch wird diese zivilistische Vertreterkonstruktion aber auch in strafrechtlicher Hinsicht, denn sie verleitet den BGH zu der Annahme, der Vertragsarzt stünde als Vertreter der Krankenkassen in deren Lager. Dies wiederum führt dann zu dem Postulat einer Vermögensbetreuungspflicht des Vertragsarztes gegenüber der Krankenkasse, deren Verletzung den Untreuetatbestand erfüllen kann, wobei indes zusätzlich verkannt wird, dass es sich hierbei keineswegs um eine Hauptpflicht im Verhältnis Vertragsarzt – Krankenkasse handelt und es insofern auch an der erforderlichen *qualifizierten Vermögensbetreuungspflicht*[14] fehlt.[15]

b) Beauftragtenstellung des Vertragsarztes

Das Oberlandesgericht Braunschweig hat Vertragsärzte als „Beauftragte der Krankenkassen" qualifiziert und damit als erstes Obergericht den Anwendungsbereich des § 299 StGB (Bestechlichkeit und Bestechung im geschäftlichen Verkehr) auch für Vertragsärzte eröffnet. Triebfeder dieser Entwicklung dürften nicht zuletzt die im Zuge der „*ratiopharm*-Verfahren" lauter gewordenen Stimmen gewesen sein, welche forderten, das Korruptionsstrafrecht nicht nur für Krankenhaus-, sondern auch für Vertragsärzte zu eröffnen.

Konkret ging es um den Fall eines Apothekers, der einem Arzt finanzielle Zuwendungen, u.a. in Form von Zuschüssen zu dessen Praxisumbau zukommen ließ. Im Gegenzug soll er – so jedenfalls der Verdacht – vom Arzt bei der Verschreibung von hochpreisigen Zytostatika bevorzugt worden sein.

Das OLG greift in seiner Begründung die Ausführungen des BGH in dessen Entscheidung zur Vertragsarztuntreue auf und führt weitergehend

[11] BSG, Urt. v. 17.01.1996, Az.: 3 RK 26/94.
[12] GesR 2006, 345.
[13] So ausdrücklich auch der 4. Senat des BSG, Urt. 16.12.1993, Az.: 4 RK 5/92.
[14] Schönke-Schröder-*Perron*, 28. Aufl. 2010, § 266 StGB, Rn 23 m.w.N.
[15] *Ulsenheimer*, MedR 2005, S. 626.

aus, wem, wie dem Vertragsarzt, die Befugnis zur Verfügung über fremdes Vermögen zukomme, der handle „auch als Beauftragter zumindest im Rahmen dieses Aufgabenfeldes". Der Vertragsarzt nehme demgemäß, so das OLG, als „Schlüsselfigur der Arzneimittelversorgung" auf die Verordnung eines konkreten Präparates dergestalt Einfluss, dass er „geschäftlich für den Betrieb" der Krankenkassen tätig werde und so als deren „Beauftragter" anzusehen sei. Es wird also deutlich, dass das OLG die (verfehlte) Rechtsprechung des BGH zur Vertragsarztuntreue im Grunde nur konsequent fortführt.

c) Die subjektive Tatseite – Parallelwertung in der Laiensphäre des Vertragsarztes

Über die bereits behandelten Gesichtspunkte hinaus ist die vorstehend skizzierte Entwicklung der Rechtsprechung aber auch im hier interessierenden Kontext *unerwarteter* Strafbarkeitsrisiken problematisch. *Steinhilper* etwa weist ganz treffend und prägnant darauf hin, dass bereits das Vorhandensein einer Vermögensbetreuungspflicht gegenüber der Krankenkasse „gänzlich außerhalb des Blickwinkels eines Vertragsarztes" sein dürfte[16], so dass, nochmals weitergehend, eine *Beauftragung* durch die Krankenkasse für den „unvoreingenommenen Vertragsarzt" sogar völlig fernliegt.[17]

Der Vertragsarzt versteht sich weder als „Vertreter" der gesetzlichen Krankenkassen, der als spezifischer Sachwalter deren Vermögensinteressen wahrnimmt, noch sieht er sich als „Beauftragter" der Kassen. Dem freiberuflich und eigenverantwortlich tätigen Vertragsarzt sind zwar in öffentlich-rechtlicher Hinsicht gewisse Beschränkungen auferlegt, in erster Linie aber versteht er sich als medizinischer Sachwalter der Gesundheitsinteressen seiner Patienten.[18]

Mit dieser Erkenntnis aber wird die bereits angesprochene Vorsatzproblematik virulent, denn fehlt es dem Vertragsarzt an einem Bewusstsein für die von der Rechtsprechung vorgenommene Zuweisung in das Lager der Krankenkasse, so fehlt es nachvollziehbar auch an einem Bewusstsein für die aus diesem (behaupteten) Näheverhältnis entspringenden Pflichten. Es genügt insofern nicht, dass der Vertragsarzt bei der Entgegennahme von Vorteilen (§ 299 StGB) oder einem Verstoß gegen das Wirtschaftlichkeitsgebot (§ 266 StGB) sein Handeln möglicherweise in allgemeiner Form für rechtswidrig hält, sondern er muss sich der ihm von der Rechtsprechung zu-

[16] MedR 2005, S. 239.
[17] *Steinhilper*, MedR 2010, S. 499.
[18] *Ulsenheimer*, MedR 2005, S. 627.

gewiesenen Vermögensbetreuungspflicht bzw. Beauftragtenstellung gegenüber der Krankenkassen bewusst sein und den entsprechenden sachlichen Gehalt dieser Pflichtenstellung abschätzen können.

Zusammengefasst kann also festgehalten werden, dass die auf sozialrechtliche Vorarbeiten zurückgreifende Zuweisung des Vertragsarztes in das Lager der Krankenkassen durch die strafrechtliche Rechtsprechung zu einem für den Vertragsarzt unerwarteten Strafbarkeitsrisiko führt. Hieraus folgt: Sowohl im Hinblick auf den Straftatbestand der Untreue wie auch der Angestelltenbestechung ist eine sorgfältige Prüfung der subjektiven Tatseite unerlässlich[19], um der extensiven Anwendung dieser ohnehin in ihren Grenzen und Voraussetzungen vagen und verschwommenen Delikte entgegenzutreten. Während eine Korrektur der Rechtsprechung des BGH zur Untreue wohl kaum erwartet werden darf, bleibt zu hoffen, dass die bisher vereinzelte Entscheidung des OLG Braunschweig höchstrichterlich keine Bestätigung findet.[20] Abgesehen von der sozialrechtlich unzureichenden Begründung des OLG Braunschweig bieten Berufs- und Heilmittelwerberecht[21] ausreichende Handhabe gegen unzulässige Einflussnahme auf die vertragsärztlichen Verordnungsentscheidungen, so dass es einer zusätzlichen strafrechtlichen Ahndung auch nicht bedarf.

2. *Unerwünschte* Strafbarkeitsrisiken der ärztlichen Berufsausübung

Während die vorstehend skizzierten, für den Arzt *unerwarteten* Konfliktfelder auf jüngere Entwicklungen in Literatur und Rechtsprechung zurückgehen, zeigen sich (möglicherweise) *unerwünschte* Strafbarkeitsrisiken an zum Teil altbekannten neuralgischen Punkten des ärztlichen Wirtschaftsstrafrechts, nämlich im Zusammenhang mit dem Vorwurf der unrichtigen Abrechnung ärztlicher Leistungen.

Der Abrechnungsbetrug i.S.d § 263 StGB ist ein Vermögensdelikt, es schützt somit die Gesamtheit aller geldwerten Güter.[22] Eine Strafbarkeit setzt deshalb einen sog. Vermögensschaden voraus, also ein Vermögensminus im Anschluss an die täuschungsbedingte Vermögensverfügung.

---

[19] *Ulsenheimer*, MedR 2005, S. 627.

[20] Insofern bleibt eine Entscheidung des BGH abzuwarten. Mit Beschluss v. 05.05.2011 (Az.: 3 StR 458/10) hat der 3. Strafsenat dem Großen Senat für Strafsachen die „vorrangig“ zu prüfende Frage vorgelegt, ob der Vertragsarzt (sogar) Amtsträger ist. In der Pressemitteilung zum Vorlagebeschluss heißt es, dass im Falle des Verneinens der Amtsträgerschaft die Frage der Beauftragtenstellung zu entscheiden sei.

[21] Siehe HWG, Berufsordnung.

[22] *Fischer*, 57. Aufl. 2010, § 263 StGB, Rn 91.

Von besonderem Interesse sind nun unter dem Gesichtspunkt des Vermögensschadens die Konstellationen, in denen die abgerechnete ärztliche Leistung tatsächlich und in fachlicher Hinsicht zudem einwandfrei erbracht wurde, allerdings sozial- bzw. vertragsarztrechtliche Vorschriften der Abrechnungsfähigkeit entgegenstehen. In der Diskussion stehen dabei zwei Fallkonstellationen: Einerseits geht es um Verstöße gegen den Grundsatz der persönlichen Leistungserbringung. Der zugelassene Vertragsarzt hat die vertragsärztliche Tätigkeit gemäß § 32 Abs. 1 Satz 1 Zulassungsverordnung/Ärzte persönlich in freier Praxis auszuüben; entsprechend darf auch der ermächtigte Arzt seine vertragsärztliche Tätigkeit nur persönlich ausüben (§ 32a Zulassungsverordnung/Ärzte). Ein Verstoß gegen diesen Grundsatz steht also dann in Rede, wenn der zugelassene oder ermächtigte Arzt Leistungen nicht persönlich erbracht hat.[23] Eine Zurechnung der von angestellten Ärzten erbrachten Leistungen ist nur möglich, wenn deren Anstellung genehmigt wurde, § 15 Bundesmantelvertrag/Ärzte. Andererseits geht es um die Frage, ob die von Ärzten als Gemeinschaftspraxispartner erbrachten Leistungen abrechenbar sind, wenn es sich tatsächlich um Angestellte handelt (Scheinselbständigkeit).

Die sich jeweils stellenden Fragen sind sozial- und strafrechtlicher Natur. *Sozialrechtlich* gilt in beiden oben skizzierten Konstellationen eine streng formale Betrachtungsweise. Leistungen, die persönlich erbracht werden müssen, aber nicht persönlich erbracht wurden, sind nicht abrechenbar; das schon ausbezahlte Honorar muss von der Kassenärztlichen Vereinigung zurückgefordert werden.[24] Gleiches soll nach der aktuellen Entscheidung des BSG zur unechten Gemeinschaftspraxis[25] auch in dem Fall gelten, in dem Ärzte die Kooperationsform Gemeinschaftspraxis „missbräuchlich" nutzen, obwohl faktisch ein – nicht genehmigtes – Anstellungsverhältnis vorliegt. Die strafrechtliche Rechtsprechung bejaht in diesen Konstellationen unter Berufung auf die streng formale Betrachtungsweise des Sozialrechts einen Vermögensschaden.[26] Dem Umstand, dass die erbrachte Leistung fachlich einwandfrei war soll erst im Rahmen der Strafzumessung Bedeutung zukommen.[27]

---

[23] Nicht ausgeschlossen ist dagegen die Delegation untergeordneter Hilfsleistungen an Personal, vgl. hierzu die Auflistung delegationsfähiger Leistungen durch die gemeinsame Erklärung der Bundesärztekammer und der KBV zur persönlichen Leistungserbringung, Deutsches Ärzteblatt 1988, A-2197.

[24] *Steinhilper*, Laufs/Kern, Handbuch des Arztrechts, 4. Aufl. 2010, § 26 Rn 63.

[25] BSG, Urt. v. 23.06.2010, Az.: B 6 KA 7/09 R.

[26] Etwa BGH, NStZ 1995, S. 85; BGH, GesR 2003, S. 90; OLG Koblenz, MedR 2001, S. 145, ablehnend *Grunst*, NStZ 2004, S. 533.

[27] OLG Koblenz, a.a.O. Kritisch *Stein*, MedR 2001, S. 124.

Im Hinblick auf die Annahme eines Vermögensschadens kann m.E. in der Konstellation der nicht persönlich durch den Arzt erbrachten Leistung jedenfalls dann ein Schaden angenommen werden, wenn die in Rede stehende Leistung ihren Wert auch dadurch erhält, dass sie durch einen Arzt mit einer bestimmten fachlichen Qualifikation erbracht wird.[28] Die Qualifikation gehört insofern zu den wertbildenden Faktoren, so dass auch bei einer ansonsten fachlich ordnungsgemäßen Erbringung der Leistung durch nicht entsprechend qualifizierte Ärzte ein Vermögensschaden vorliegt.

Problematisch ist hingegen der Fall der unechten Gemeinschaftspraxis. Im Kern weist hier die in Rede stehende ärztliche Leistung *als solche* keinen Mangel auf, der zu der Annahme eines Vermögensschadens führen könnte. Der allein vorliegende Mangel der Selbständigkeit (vgl. § 32 Abs. 2 Zulassungsverordnung/Ärzte: Ausübung der Tätigkeit „in freier Praxis") wirkt sich unter keinem denkbaren Gesichtspunkt auf die erbrachte Leistung aus und mindert deren Qualität und Wert. [29] Die Heranziehung der „streng formalen Betrachtungsweise" des Sozialrechts würde also dazu führen, die Schutzrichtung des § 263 StGB dergestalt zu überdehnen, als nicht mehr (allein) das Rechtsgut des Vermögens geschützt würde, sondern der Straftatbestand praeter und contra legem Lenkungsinteressen des Vertragsarztrechts auf der strafrechtlichen Ebene weiterverfolgte.[30]

Überdies ist festzuhalten, dass das Sozialrecht mit den Prüfungs- und Korrekturmaßnahmen des SGB V wie auch den disziplinarrechtlichen Möglichkeiten bis hin zum Zulassungsentzug selbst wirkungsvolle Regelungs- und Sanktionsinstrumente bereit hält, um legitime Steuerungsinteressen durchzusetzen. Der Einsatz des Strafrechts stellt sich in dieser Konstellation vor dem Hintergrund des Ultima-ratio-Prinzips aus normativer Sicht als „unerwünscht" dar.

---

[28] So *Volk*, NJW 2000, S. 3387.

[29] *Volk*, a.a.O.

[30] *Volk*, a.a.O.

Abrechnung von Leistungen durch nicht zugelassene Leistungserbringer – Scheingesellschaften, nicht genehmigte Assistenten

*Frank Heerspink**

I. Einführung

Der Bereich der nicht vertragsärztlich zugelassenen Leistungserbringer, die ihre medizinischen Leistungen zur Abrechnung gebracht haben, betrifft mindestens zwei unterschiedliche Rechtsgebiete mit unterschiedlichen Rechtsfolgen. Zum einen gibt es eine sozialversicherungsrechtliche Seite, die Rückforderungsansprüche der Kassenärztlichen Vereinigungen bzw. der Krankenkassen zur Folge haben kann, zum anderen gibt es eine strafrechtliche Seite, die ggfs. strafrechtliche Sanktionen wie Geld- oder Freiheitsstrafen bedingen. Die damit verbundenen berufsrechtlichen Fragen sollen hier außer Betracht bleiben.

Die sozialgerichtliche Rechtsprechung ist im Hinblick auf die Tätigkeit nicht zugelassener Leistungserbringer recht eindeutig. Einige Beispielsfälle seien erwähnt:

Im Falle einer erschlichenen vertragsärztlichen Zulassung eines Arztes bejahte das *BSG* bereits in seinem Urteil vom 21. Juni 1995[1] einen Schaden der Krankenkassen und insofern einen Anspruch auf Schadensersatz. Seinerzeit hatte ein Arzt seine Zulassung unter Verschweigen seines noch bestehenden Beschäftigungsverhältnisses im Krankenhaus erhalten und ließ bis zur persönlichen Aufnahme seiner Tätigkeit einen Vertreter für sich die Praxis ausüben. Die Kosten für während dieser Zeit verschriebene Medikamente forderte die Krankenkasse – mangels Zulassung – zurück und wurde vom *BSG* bestätigt.

Im Zusammenhang mit der Führung einer „faktischen" Gemeinschaftspraxis hat das BSG mit Urteil vom 22. März 2006[2] Honorarrückforderungen aufgrund sachlich-rechnerischer Richtigstellungen für zulässig erklärt.

---

* Der Autor ist Partner von Hecker-Werner-Himmelreich Rechtsanwälte Köln-Berlin-Leipzig-Düsseldorf und leitet dort das Dezernat Steuer- und Wirtschaftsstrafrecht.

[1] *BSG*, NJW 1996, 3102 ff

[2] *BSG*, MedR 2006, 611 ff.

In jenem Fall hatten zwei Ärzte ihre Gemeinschaftspraxis in eine Praxisgemeinschaft umgewandelt, aber dies nicht öffentlich gemacht und ihre Leistungen weiterhin wie in der zuvor bestehenden Gemeinschaftspraxis abgerechnet. Die insoweit erfolgte Zuvielabrechnung forderte die Kassenärztliche Vereinigung zurück und bekam Recht.

Das *LSG Niedersachsen-Bremen* hat mit Urteil vom 27. Oktober 2004[3] festgestellt, dass Krankenhausärzte, die zur Teilnahme an der vertragsärztlichen Versorgung ermächtigt sind, das bezogene Honorar zurückzahlen müssen, wenn sie die Leistung nicht persönlich, sondern von Assistenzärzten erbringen lassen.

Einen Erstattungsanspruch der Kassenärztlichen Vereinigung bejahte das *LSG Niedersachsen-Bremen* auch in seinem Urteil vom 17. Dezember 2008[4] unter Bezugnahme auf die Rechtsprechung des BSG in einem ähnlichen Fall. Hier ging es darum, dass durch Gestaltungsmissbrauch der Rechtsform beruflicher Kooperation – Abrechnung als Gemeinschaftspraxis trotz nichtbestehender Tätigkeit „in freier Praxis" (also: Angestelltentätigkeit) – entsprechende Honorare an die behandelnden Ärzte ausgezahlt wurden. Das LSG führte aus, *„dass es für die Rechtmäßigkeit der Honorargewährung nicht nur auf die formelle Zulassung zur vertragsärztlichen Versorgung ankommt, der Vertragsarzt (muss) vielmehr auch materiell berechtigt sein, Leistungen in der vertragsärztlichen Versorgung zu erbringen"*[5]. Da die Honorargewährung aus Sicht des LSG unrechtmäßig erfolgte, forderte die Kassenärztliche Vereinigung die insoweit zu viel gezahlten Honorare zu Recht zurück.

In seiner aktuellen Entscheidung vom 23. Juni 2010[6] bestätigt das *BSG* die vorinstanzliche Entscheidung des LSG Niedersachsen-Bremen und bleibt insoweit seiner bisher eingeschlagenen Linie bei Honorarrückforderungsprozessen treu.

Die Entscheidungen fußen allesamt auf dem formalen sozialrechtlichen Schadensbegriff. Danach fehlt es an der Abrechnungsbefugnis, wenn auch nur ein Merkmal in der Gesamtvoraussetzungskette – beginnend mit den Zulassungsvoraussetzungen – fehlt.

---

3 *LSG Niedersachsen-Bremen*, MedR 2005, 60 ff.

4 *LSG Niedersachsen-Bremen*, ZMGR 2009, 375 ff.

5 Vgl. *LSG Niedersachsen-Bremen*, ZMGR 2009, 375, 380.

6 www.Bundessozialgericht.de, Az. B 6 KA 7/09 R = BeckRS 2010, 74032, vgl. MedR 2011, 298 ff.

II. Strafrechtliche Problemdarstellung

Es stellt sich die Frage, ob der dargestellte sozialrechtliche Maßstab unbesehen auf das Strafrecht zu übertragen ist und Ärzte, die zu Unrecht gegenüber den Krankenkassen lege artis erbrachte Leistungen abgerechnet haben, sich nicht nur einem Rückerstattungsanspruch, sondern auch der Gefahr einer Betrugsstrafbarkeit (§ 263 StGB) aussetzen. Mit anderen Worten: Findet sich in den dargestellten Fällen auch ein Straftäter wieder?

Ein entsprechendes Strafverfahren kann nicht nur zu empfindlichen finanziellen Einbußen (Geldauflagen oder Geldstrafen und nicht zuletzt Anwaltskosten) führen, sondern im Einzelfall je nach Schadenshöhe auch – u. U. vollstreckbare – Freiheitsstrafen mit sich bringen. Ein sich dem Strafverfahren anschließendes berufsrechtliches Verfahren kann unangenehme Folgen haben und die Approbation gefährden (vgl. §§ 3 Abs. 1 Nr. 2, 5 Abs. 2 BÄO) oder doch den Status als Vertragsarzt (§ 21 Ärzte-ZV).

Der Tatbestand des Betruges lautet zunächst wie folgt:

> *„Wer in der Absicht, sich oder einem Dritten einen rechtswidrigen Vermögensvorteil zu verschaffen, das Vermögen eines anderen dadurch beschädigt, dass er durch Vorspiegelung falscher oder durch Entstellung oder Unterdrückung wahrer Tatsachen einen Irrtum erregt oder unterhält, wird ... bestraft."*

Vielleicht gibt es Ansatzpunkte, warum trotz sozialrechtlicher Rückzahlungsverpflichtung kein Betrug vorliegt.

III. Objektive Voraussetzungen des Betruges

Zunächst ein Blick auf den objektiven Tatbestand.

Täuschung und Irrtum korrespondieren miteinander, so dass wir sie hier gemeinsam betrachten: Wer täuscht worüber und wer unterliegt einem entsprechenden Irrtum?

Angesichts der Komplexität des deutschen Abrechnungssystems ist diese Frage gar nicht so leicht zu beantworten[7]. Der Patient hat einen Sachleistungsanspruch gegenüber seiner Krankenkasse und der Arzt einen Vergütungsanspruch gegenüber der Kassenärztlichen Vereinigung, die ihrerseits Ansprüche gegen die Kassen hat.[8]

---

[7] Hierzu *Gaidzik*, wistra 1998, 329, 330.

[8] Vgl. *Volk*, NJW 2000, 3385, 3388.

Überwiegend wird angenommen, es sei auf die Beziehung Arzt – Kassenärztliche Vereinigung abzustellen. Der Vertragsarzt erkläre durch die quartalsweise Abgabe seiner Sammelerklärung gegenüber der Kassenärztlichen Vereinigung, die Abrechnung sei ordnungsgemäß erfolgt. In der Erklärung über die Ordnungsgemäßheit der Abrechnung sei nicht nur enthalten, dass die Leistungsziffer nicht nur tatsächlich lege artis erbracht worden sei. Der Erklärung beinhalte auch, dass die Leistung zulassungskonform erfolgt ist. Sofern es also an der Zulassungskonformität fehle, weil beispielsweise ein „Strohmann" oder angestellte Ärzte im Rahmen einer Schein-Gemeinschaftspraxis eingesetzt wurden, täusche er die Kassenärztliche Vereinigung[9]. Der zuständige Sachbearbeiter der Kassenärztlichen Vereinigung irre sodann im Rahmen seiner Prüfung hinsichtlich der Abrechnungsbefugnis.

Diesen Ansatz kann man schon im Grundsatz hinterfragen, denn der mit Abrechnungen befasste Sachbearbeiter wird sich aufgrund des Zulassungsaktes keine Gedanken darüber machen, ob der Status als Vertragsarzt fehlt. Er liegt kraft Zulassung vor. Das er rechtmäßig erlangt wurde, wird der Sachbearbeiter regelmäßig nicht überdenken und insofern nicht irren[10]. Für die weiteren Betrachtungen wird unterstellt, dass der Sachbearbeiter ein entsprechendes sachgedankliches Mitbewusstsein hat, das getäuscht wurde.

Für unsere weiteren Betrachtungen ist es auch relativ irrelevant, ob nun der getäuschte Sachbearbeiter der Kassenärztlichen Vereinigung die Vermögensverfügung durchführt und so im Rahmen der Gesamtvergütung die ordnungsgemäß abrechnenden Vertragsärzte einen Vermögensschaden erleiden[11] oder ob via den Kassenärztlichen Vereinigungen ein Irrtum bei den Krankenkassen vermittelt wird, der mit der rechtsgrundlosen Honorarauszahlung zu einer Vermögensverfügung und dem entsprechenden Schaden führt[12]. Wer in diesem System verfügt, irrt oder geschädigt wird, ist für das „Ob" der Strafe irrelevant, solange dieser Vorgang – was wir hier unterstellen – auf das Abrechnungsverhalten des Arztes zurückzuführen ist.

Interessanter ist, ob überhaupt ein strafrechtlicher Schaden vorliegt.

Überträgt man den sozialrechtlichen, formalen Schadensbegriff uneingeschränkt auf das Strafrecht, kommt man zwanglos zu einem Vermögens-

---

[9] Zustimmend *Grunst*, NStZ 2004, 533 ff.; *Ulsenheimer*, Arztstrafrecht in der Praxis, § 14 Rz. 14/20 und 14/21; ablehnend *LG Lübeck*, GesR 2006, 176 ff.; *Wessing/Dann*, GesR 2006, 150 ff.

[10] Vgl. *LG Lübeck*, GesR 2006, 176 ff.; *Wessing/Dann*, GesR 2006, 150, 152.

[11] Hierzu *Ulsenheimer*, Arztstrafrecht in der Praxis, § 14 Rz. 14/22.

[12] Vgl. *Grunst*, NStZ 2004, 533, 535; auch *Beckemper/Wegner*, NStZ 2003, 315, 316.

schaden, denn es wird Honorar gezahlt, obgleich sozialrechtlich ein der Auszahlung entgegenstehender Grund besteht. Diese kritiklose Übertragung der sozialrechtlichen Sicht auf das Strafrecht ist aber mit Blick auf den strafrechtlichen Schadensbegriff fraglich.

Zunächst ein Blick auf die Leitentscheidungen:

Der *BGH* bejahte in seinem Beschluss vom 28. September 1994[13] den Abrechnungsbetrug eines Arztes, der medizinisch indizierte, aber mangels eigener und damit ärztlicher Durchführung nicht abrechenbare Leistungen abgerechnet hatte. Der BGH nahm schon damals Rückgriff auf die „*streng formale Betrachtungsweise*" des Sozialrechts. In den Urteilsgründen heißt es:

> „*Bei der Berechnung des Schadensumfanges geht das LG zunächst zu Recht davon aus, daß auch für den Bereich nichtärztlicher Leistungen der den Krankenkassen entstandene Schaden in voller Höhe den dem Angeklagten erstatteten Beträgen entspricht. ... Dies beruht auf einer für den Bereich des Sozialversicherungsrechts geltenden* ***streng formalen Betrachtungsweise****, nach der eine Leistung insgesamt nicht erstattungsfähig ist, wenn sie in Teilbereichen nicht den gestellten Anforderungen genügt. ... Auch eine Kompensation in der Form, daß die Krankenkassen infolge der ... erbrachten Leistungen Aufwendungen erspart haben, die ihnen bei Inanspruchnahme eines anderen Arztes durch die behandelten Patienten entstanden wären, im Rahmen der Schadensberechnung nicht statt.*"[14]
>
> (Hervorhebung diesseits)

Dieser Argumentation schloss sich auch das *OLG Koblenz* – größtenteils wortgleich – in seinem Beschluss vom 2. März 2000[15] gegen die Haftbeschwerde eines Arztes an, dem gemeinschaftlicher Abrechnungsbetrug in 19 Fällen mit einem mutmaßlichen Gesamtschaden von über DM 12 Mio. vorgeworfen wurde. Hintergrund des Falles war, dass der zugelassene Vertragsarzt einen anderen Arzt lediglich angestellt hatte, seine Tätigkeit fälschlicherweise aber als im Rahmen einer Gemeinschaftspraxis erbracht abrechnete.

---

[13] *BGH*, NStZ 1995, 85 f.

[14] Vgl. BGH, NStZ 1995, 85, 86.

[15] Vgl. *OLG Koblenz*, MedR 2001, 144 ff.

Der *BGH* bestätigte mit seinem Urteil vom 5. Dezember 2002[16] nochmals die Übertragung der sozialversicherungsrechtlichen (streng formalen) Betrachtungsweise ins Strafrecht und verurteilte einen Arzt, der Leistungen eines nicht vertragsärztlich zugelassenen „Strohmannes" abgerechnet hatte. Der BGH nimmt in den Entscheidungsgründen auf die Entscheidung des *BGH* aus dem Jahr 1994 ausdrücklich Bezug und führt aus:

> *„Nach der für den Bereich des Sozialversicherungsrechts geltenden* ***streng formalen Betrachtungsweise*** *genügt ... der Umstand, dass der Angekl. ohne kassenärztliche Zulassung nicht berechtigt ist, an der ... erfolgten Verteilung der von den Kassen bezahlten Honorare teilzunehmen. Dabei spielt es keine Rolle, dass den Kassen infolge der Behandlung ihrer Patienten durch den Angekl. Aufwendungen in möglicherweise gleicher Höhe erspart blieben, die ihnen durch die Behandlung durch einen anderen, bei der Kasse zugelassenen Arzt entstanden wären. Denn eine solche Kompensation findet bei der Schadensberechnung nicht statt, zumal ein anderer hypothetischer Sachverhalt zu Grunde gelegt wird und offen bleiben muss, ob ein anderer Arzt die gleiche Behandlungsweise gewählt hätte."*[17]
> (Hervorhebung diesseits)

An dieser Rechtsprechung wurde mannigfaltige Kritik[18] geübt, die den *BGH* in seiner Entscheidung vom 5. Dezember 2002[19] zur Reaktion veranlasst hat. Er greift die bisherige Rechtsprechung zur streng formalen Betrachtungsweise zwar auf, weist aber zugleich darauf hin, dass es Fallkonstellationen geben könne, in denen diese Betrachtungsweise nicht trägt. In den Entscheidungsgründen heißt es:

> *„Die Notwendigkeit von Einschränkungen wird diskutiert für Fälle des Abrechnungsbetrugs, begangen durch* ***Ärzte, die sich als Partner einer zugelassenen Gemeinschaftspraxis ausgaben, in Wahrheit aber lediglich Angestellte waren*** *und denen deshalb vorgeworfen wurde, sich die Zulassung erschlichen zu haben. In solchen Fällen mag tatsächlich* ***zweifelhaft*** *sein, ob der Irrtum der Verantwortlichen bei der KV allein eine*

---

[16] Vgl. *BGH*, NJW 2003, 1198 ff.; zust. *Schallen*, Komm. zur Zulassungsverordnung, § 33 Rz. 1231.

[17] Vgl. *BGH*, NJW 2003, 1198, 1200.

[18] So beispielsweise durch *Stein*, MedR 2001, 124 ff.; *Beckemper/Wegner*, NStZ 2003, 315 ff.; *Wasserburg*, NStZ 2003, 357 f.; *Grunst*, NStZ 2004, 533 ff.; *Wessing/Dann*, GesR 2006, 150 ff.; *Ellbogen/Wichmann*, MedR 2007, 10 ff.

[19] *BGH*, NJW 2003, 1198 ff.

„Statusfrage", nicht aber die Abrechnungsvoraussetzungen betrifft und ob nicht die Auszahlung des Honorars deswegen auch keinen Vermögensschaden begründet"[20]
(Hervorhebung diesseits)

Der *BGH* hat hier – soweit ersichtlich – erstmals dem Einwand der Literatur eine mögliche Berechtigung zugesprochen, dass sozialversicherungsrechtliche Statusfragen zwar die Abrechenbarkeit von erbrachten Leistungen hindern können, aber nicht in der Lage sind, einen Vermögensschaden i. S. d. § 263 StGB zu rechtfertigen.

Hintergrund der Kritik war stets, dass die Rechtsprechung mit ihrer schlichten Übertragung der sozialrechtlichen Betrachtung in das Strafrecht strafrechtliche Wertmaßstäbe überlagert. Konkret: Die Annahme eines Betrugsschadens ist am strafrechtlichen Schadensbegriff zu messen und dieser unterliegt – anders als im Sozialversicherungsrecht – einer wirtschaftlichen Betrachtungsweise. Es ist erforderlich, dass sich der Schaden als Vermögensminus darstellt[21]. Diese Grundvoraussetzung überspielt man mit der formalen Betrachtungsweise[22]. Allerdings: Nicht in jedem Fall, in dem die Formel von der formalen Betrachtungsweise genutzt wurde, fehlte es auch am wirtschaftlichen Schaden. Mit anderen Worten: Vielfach war der strafrechtliche Schaden auch anders begründbar als mit dem Verweis auf die formale, sozialrechtliche Betrachtung. Versuchen wir, uns diesem Gedanken zu nähern.

Ausgangspunkt unserer Überlegungen ist, dass § 263 StGB das Vermögen schützt und nur das Vermögen. Zwar kennt das StGB auch Normen, die neben Vermögensinteressen weitere Schutzgüter beinhalten. So schützt der Subventionsbetrug (§ 264 StGB) auch das *„Allgemeininteresse einer wirksamen staatlichen Wirtschaftsförderung"* oder die *„Institution der Subvention als wichtiges Instrument staatlicher Wirtschaftslenkung"*. § 265 StGB (Versicherungsbetrug) will neben dem Vermögen *„mindestens gleichrangig ... die soziale Leistungsfähigkeit des dem allgemeinen Nutzen dienenden Versicherungswesens»* schützen. Auch § 370 AO (Steuerhinterziehung) ist nicht anders als ein Betrugssondertatbestand zum Schutz der Fiskalinteressen des Staates. Solche Sondertatbestände kann der Gesetzgeber schaffen und ihnen besondere Schutzgüter – die vielfach kritisiert werden – beimessen. Für den Tatbestand des Betruges war aber stets klar, dass er lediglich

---

[20] Vgl. NJW 2003, 1198, 1200.
[21] Im Einzelnen vgl. *Fischer*, StGB, § 263 Rz. 70 m.w.N.
[22] Ähnlich schon *Gaidzik*, wistra 1998, 329, 331; *Wessing/Dann*, GesR 2006, 140, 153.

das Vermögen als solches schützt[23]. Er ist kein Tatbestand des „*Sozialversicherungsbetrugs*“, der neben den allgemeinen Vermögensinteressen der Versichertengemeinschaft auch noch deren weitergehende, sozialpolitische Interessen schützt. § 263 StGB schützt nicht einmal die Dispositionsbefugnis[24], weder die des einzelnen Bürgers, noch die der Sozialversicherungsträger. Die Sanktionierung von anderen Schutzgütern als jenem des Vermögens, ist damit durch § 263 StGB nicht legitimiert.

Die Rechtsprechung ist auch nicht befugt, durch Uminterpretation des § 263 StGB einen die Sozialversicherungsträger als solche schützenden Tatbestand des „*Sozialversicherungsbetruges*“ zu schaffen. Dies aber geschieht, soweit sich in der „*streng formalen Betrachtungsweise des Sozialversicherungsrechts*“ Interessenerwägungen ausdrücken, die keinen Vermögensbezug haben. Immer wenn die Formel der streng formalen Betrachtungsweise herangezogen wird, ist also zu hinterfragen, ob die dahinter stehende sozialrechtliche Erwägung einen schützenswerten Vermögensbezug hat oder ob es an einem solchen mangelt.

Hinterfragen wir die Rechtsprechung an diesem Maßstab: Wer

- nicht erbrachte[25],
- nicht vollständig erbrachte[26] oder
- andere (teurere) als die erbrachten[27]

Leistungen abrechnet, verursacht einen Schaden i. S. d. § 263 StGB. Die behauptete Leistung ist nicht erbracht, wird aber bezahlt. Ähnlich verhält es sich, wenn

- vertragswidrig Rabatte nicht weitergeleitet[28]

werden. In all diesen Konstellationen bedarf es keiner streng formalen sozialrechtlichen Betrachtungsweise, um zu erkennen, dass Vermögensinteressen geschädigt werden. Dies gilt auch für den Fall, dass zwar eine am Markt nachgefragte und also werthaltige, aber im kassenärztlichen Bewertungsmaßstab nicht vorgesehene und mithin

[23] Statt aller: *Fischer*, StGB, § 263 Rn. 3.
[24] Statt aller: *Fischer*, StGB, § 263 Rn. 3.
[25] Vgl. *BGH*, NStZ 1990, 197 f., *OLG Hamm*, NStZ 1997, 130 ff.
[26] Vgl. *OLG Hamm*, NStZ 1997, 130 ff.
[27] Vgl. *BGH*, NStZ 1992, 436 f.
[28] Vgl. *BGH*, NStZ 1994, 585 f.

- nicht abrechenbare Leistung hinter einer abrechenbaren Leistung versteckt wird;[29]

hier weiß der Arzt, dass er bei Angabe der erbrachten Leistung diese von der Kasse nicht vergütet bekommt, weil der Patient keinen entsprechenden Sachleistungsanspruch gegen seine Kasse hat. Gerade deshalb setzt der Arzt bei der Abrechnung eine Scheinmaßnahme an.

Eng wird es bei einer strafrechtlich orientierten Begründung, wenn

- Leistungen tatsächlich und lege artis, aber durch Delegation erledigt werden. Allerdings sollen hier zwei Fallgruppen betrachtet werden. Die
  - Delegation auf Nicht-Ärzte und die
  - Delegation auf Ärzte

Bei einer **Delegation auf Nicht-Ärzte**[30] mag z. B. eine Blutentnahme kraft genereller Anweisung in casu lege artis sein. Abrechenbar ist eine solche Delegations-Leistung aber nicht. Sie ist es sozialrechtlich nur, wenn sie auf eine Anordnung des Arztes im jeweiligen Einzelfall zurückgeht. Soweit die Blutentnahme medizinisch erforderlich war, könnte man nun strafrechtlich argumentieren, dass sie ihren Wert nicht dadurch verliert, dass sie vom Praxispersonal durchgeführt wurde und der Arzt keine Einzelanweisung vorgenommen hat. Die wirtschaftliche Betrachtungsweise des strafrechtlichen Vermögensschadensbegriffs würde eine solche Argumentation jedenfalls nicht von vornherein ausschließen. Dem steht gegenüber, dass zum einen mit der Einzelfallanordnung auch eine Beurteilung durch den Arzt einhergeht. Auch diese könnte man als mit der Gebührenziffer erfasst ansehen, sie wird bei genereller Anweisung aber nicht erbracht. Es kann mithin auch argumentiert werden, dass teilweise nicht erbrachte Leistungen abgerechnet werden, womit wir bei einem klassischen Fall des Betrugs wären. Man könnte auch argumentieren, dass Leistungen einen abweichenden Wert haben, je nachdem, wer sie erbringt. So ist der Stundensatz eines Rechtsanwalts höher als der eines Referendars, der eines Arztes höher als der einer Arztgehilfin. Hier bestünde jedenfalls ein Ansatz, unabhängig von der sozialrechtlich-formalen Betrachtung einen strafrechtsrelevanten Schaden zu begründen.

---

[29] Vgl. *BGH*, NStZ 1993, 388 f.

[30] Vgl. *BGH*, NStZ 1995, 85 f.

Was bedeutet dies nun für den Fall der **Delegation auf einen Arzt**? Ist der Kläger im Fall des BSG – 13 6 KA 7/09 R – wegen Betruges zu verurteilen, weil *„die vom Zulassungsausschuss genehmigte, aus dem Kläger und dem zu 2. beigeladenen Arzt Dr. P. bestehende Gemeinschaftspraxis ... tatsächlich nicht bestanden (hat) weil Dr. P. ... lediglich - ohne die erforderliche Genehmigung der Beklagten - als Angestellter des Klägers tätig (war ? Im Fall entsprach die) vertraglich zwischen dem Kläger und Dr. P. vereinbarte Kooperation ... nicht den rechtlichen Vorgaben, weil Dr. P. nicht in „freier Praxis" tätig wurde. (Da) für den Senat auf der Grundlage der Feststellungen des LSG keine Zweifel (bestehen), dass der Kläger wusste, dass der beigeladene Dr. P. im Innenverhältnis nicht Mitglied der Gemeinschaftspraxis werden sollte*[31]*"* liegt ein Betrugsvorwurf nahe. Er wäre m. E. aus originär strafrechtlichen Gründen dennoch nicht gerechtfertigt.

Anders als bei der Delegation auf Nicht-Ärzte kann hier das Argument eines unterschiedlichen Marktpreises je nach Qualifikation des Leistungserbringers bereits im Ansatz nicht greifen. Die Behandlung durch Arzt A hat keinen anderen Wert als jene durch Arzt B, jedenfalls würde im Vertragsarztsystem A für die gleiche Leistung nicht mehr Geld als B bekommen. Auch wurde die Leistung in ihrer Gesamtheit erbracht, es fehlen hier nicht etwa deswegen Teile der Leistung, weil der (rechtmäßig zugelassene) Vertragsarzt sie nicht erbracht hat und sie durch den Delegationsempfänger nicht ausgeführt werden konnten; der Delegationsempfänger war – anders als die Praxismitarbeiterin – als Arzt zu der gleichen Leistung fähig und hat sie tatsächlich auch erbracht.

Dass eine vertragsärztliche Abrechnung hier scheitert, liegt allein am fehlenden „*Status*" des „*Vertragsarztes in freier Praxis*". Statusregelungen mögen zwar ihren Sinn haben. Dieser Sinn mag in standes- und sozialpolitischen Interessen begründet, aus Lenkungsfunktionen oder auch dem Konkurrenzschutz abzuleiten sein. All dies hat aber nichts mit dem Wert der erbrachten Leistung und mithin mit Vermögensfragen zu tun. § 263 StGB schützt aber allein Vermögensinteressen.

Dass ein Wertbezug dieser statusbedingten Abrechnungsbeschränkung fehlt, folgt bereits unmittelbar aus dem Sozialversicherungsrecht. Denkt man sich die Arbeit des nicht in freier Praxis tätigen Gemeinschaftsarztes als solche eines genehmigten angestellten Arztes, so wäre die Leistung zum gleichen Satz abrechenbar, wie die vom Vertragsarzt selbst erbrachte Leistung. Die Punktzahl der angestellt erbrachten ärztlichen Leistung ist also identisch mit der Punktzahl der selbständig erbrachten ärztlichen Leistung.

[31] Vgl. Pressemitteilung vom 24.06.2010, www.Bundessozialgericht.de.

Noch deutlicher wird das Beispiel, wenn man sich mit *Volk*[32] eine private Abrechnung des gleichen Falls vorstellt: Ein nicht versicherter Patient nimmt Leistungen eines Arztes aus einer Gemeinschaftspraxis in Anspruch und bezahlt sie unmittelbar. Als er überrascht erfährt, dass es sich um einen angestellten Arzt handelte, erstattet er Strafanzeige wegen Betrugs. Der Staatsanwalt wird ihn belehren, dass die ansonsten in jeder Hinsicht einwandfreie Leistung von einem Arzt erbracht wurde und dass deshalb von einem Schaden nicht die Rede sein könne – dass der Arzt „*nur*" angestellt gewesen sei, mache seine Leistung nicht minderwertig.

Die sog. sozialversicherungsrechtlichen „*Statusfragen*" können damit richtigerweise nicht zur Begründung einer Betrugsstrafbarkeit herangezogen werden. Anderenfalls würde man § 263 StGB dazu missbrauchen, allein sozialrechtliche Zielsetzungen zu sanktionieren. Dazu gibt es aber andere, z.B. berufsrechtliche, Möglichkeiten. § 263 StGB dient nicht diesen Zwecken, er will Vermögensschutz garantieren und darf nicht mittels der formalen Betrachtung zu einem Sozialversicherungsbetrug umdefiniert werden.

In ähnlicher Weise argumentiert auch das *LG Lübeck* in seinem Nichteröffnungsbeschluss vom 25. August 2005[33]. In dem Fall ging es um Laborärzte, die gemeinsam mit anderen Ärzten an verschiedenen Standorten Innengesellschaften gründeten und ihre Tätigkeit als selbständige Ärzte abgerechnet hatten, obwohl die vor Ort tätigen Ärzte nur eingeschränkte Entscheidungsbefugnisse im Bereich der wirtschaftlichen Praxisführung hatten. Zur Ablehnung eines Schadens heißt es in dem Beschluss:

> *„Zwar ist grundsätzlich davon auszugehen, dass durch die Abrechnung nicht freiberuflich erbrachter Leistungen keine Ansprüche gegenüber den kassenärztlichen Vereinigungen begründet werden. Das liegt an einer für den Bereich des Sozialversicherungsrechts geltenden streng formale Betrachtungsweise, nach der eine Leistung insgesamt nicht ... erstattungsfähig ist, wenn sie nicht den gesetzlichen Anforderungen genügt. ... Es darf indes nicht übersehen werden, dass ein objektiver Betrugsschaden trotzdem nicht eintritt, wenn die Krankenkassen durch die Leistung der (Ä)rzte von Ansprüchen der bei ihnen Versicherten befreit worden sind, weil die Patienten eine von den Krankenkassen geschuldete Leistung erhalten haben."*[34]

[32] In: NJW 2000, 3385, 3388 f.

[33] *LG Lübeck*, GesR 2006, 176 ff.

[34] Vgl. *LG Lübeck*, GesR 2006, 176, 177.

Zutreffend wird die Vermögensschädigung aufgrund unmittelbarer Schadenskompensation verneint:

Die Patienten hatten einen Sachleistungsanspruch gegen die Kasse. Dieser ist durch die lege artis durchgeführte Leistung untergegangen, der Patient hat keinen Anspruch auf Wiederholung dieser verwertbaren ärztlichen Leistung; die Röntgenbilder werden nicht etwa deswegen erneut angefertigt, weil sie auf die Anordnung eines Arztes in nicht genehmigter Anstellung und nicht seines Chefs zurückgehen. Ein unmittelbarer wertmäßiger Ausgleich (Abfluss von Honorar gegen Zufluss der ärztlichen Leistung) muss bei wirtschaftlicher Betrachtungsweise einen strafrechtlich definierten Schaden entfallen lassen[35]. Dies kann auch in ähnlichen Fallkonstellationen der Delegation auf nicht-ärztliche Mitarbeiter zutreffen.

Das *LG Lübeck* ist also der zutreffenden Auffassung, dass eine nach dem Sozialversicherungsrecht nicht vergütungsfähige Leistung nicht generell wertlos und daher bei der strafrechtlichen Saldierung zu berücksichtigen ist. Jedenfalls der Arzt, dem lediglich die vertragsärztliche Zulassung fehlt, ansonsten aber die fachliche Qualifikation aufweist, soll sich durch die Abrechnung medizinisch indizierter und lege artis erbrachter Leistungen nicht wegen Abrechnungsbetruges strafbar machen können.[36]

Im Ergebnis bleibt festzuhalten, dass die sozialrechtliche formale Betrachtung nicht dazu genutzt werden darf, den wirtschaftlichen Vermögensbegriff des Strafrechts zu überspielen. Ist eine Leistung nach den auch sonst anzuwendenden Regeln „ihr Geld wert“, wird sie strafrechtlich nicht deshalb wertlos, weil sozialrechtliche Erwägungen der Abrechnung entgegenstehen. Der Status als Vertragsarzt ist eine solche, allein sozialrechtliche Erwägung.

Wie ist vor diesem Hintergrund das Urteil des BGH vom 5. Dezember 2002[37] in Sachen „Strohmann-Arzt“ einzuordnen? Der BGH hatte in diesem Urteil für fehlerhafte Gemeinschaftspraxen Hoffnung geschürt aber gemeint:

> *„Daraus lässt sich ... für die Beurteilung der Strafbarkeit des Angeklagten nichts ableiten. Anders als die Ärzte in den ... Fällen (rechtswidriger Gemeinschaftspraxen), die immerhin wirksam zugelassen waren und i. Ü. – nach Genehmigung – auch als Angestellte eines Kassenarztes hätten tätig werden dürfen, gehört der Angeklagte nicht zum Kreis der Anspruchsberechtigten; mit den Abrechnungen, die er und der Mittäter*

---

[35] So bereits *Gaidzik*, wistra 1998, 329, 332; zustimmend *Grunst*, NStZ 2004, 533, 536.

[36] Zustimmend *Wessing/Dann*, GesR 2006, 150, 153.

[37] Vgl. *BGH*, NJW 2003, 1198 ff.

vorgelegt haben, ist nicht lediglich über berufsständige „Statusfragen" getäuscht worden."[38]

Diese Urteil lässt sich wohl nur als Einzelfall rechtfertigen, denn die ärztlichen Leistungen wurden unstreitig lege artis und durch einen approbierten Arzt durchgeführt. Nur war der eine Arzt vorbestraft und sah daher keine Chance auf Zulassung als Vertragsarzt (§ 21 Ärzte-ZV[39]), während der andere zwar Vertragsarzt war, aber seine eigene Praxis wegen finanzieller Schwierigkeiten hatte aufgeben müssen; er nutzte seine Zulassung im Rahmen der Praxis des anderen. Die Mehrzahl der vom Vertragsarzt abgerechneten Fälle wurde allerdings vom Nicht-Vertragsarzt betreut. Diese „Strohmann-Gestaltung" eines vorbestraften Arztes wollte man sanktionieren, der Abgrenzungsversuch überzeugt allerdings nicht. Vielleicht hat der BGH sich hier in den vom *BVerfG*[40] angesprochenen „*schwierigen Rechtsfragen*" beim Abrechnungsbetrug verirrt.

IV. Subjektive Voraussetzungen des Betruges

Die subjektive Tatseite ist für die praktische Verteidigung relevant, eignet sich aber naturgemäß wenig für generalisierende Überlegungen. Daher soll hier nur ganz kurz und aus aktuellem Anlass – dem jüngst veröffentlichten Urteil des BSG vom 23. Juni 2010[41] – auf diesen Punkt eingegangen werden. Dies allerdings nur, um das eigene Unverständnis für dieses obiter dicta auszudrücken. Im Urteil heißt es:

„Die Richtigstellung fehlerhafter vertragsärztlicher Abrechnungen (setzt) grundsätzlich kein Verschulden des Vertragsarztes voraus."[42]

Richtig[43]! Da dem so ist, bedarf es keiner sodann durch das BSG vorgenommenen Bewertung der subjektiven Seite des seinerzeit tätigen Arztes. Das BSG äußert sich gleichwohl zu dieser Frage:

---

[38] Vgl. *BGH,* NJW 2003, 1198, 1200.

[39] Vgl. Kommentierung zu § 21 bei *Schallen*, Zulassungsverordnung für Vertragsärzte.

[40] Beschluss vom 7. Juni 2005, Az. 2 BvR 1822/04, Rz. 58

[41] Az. B 6 KA 7/09 R.

[42] Vgl. *BSG* vom 23. Juni 2010 - Az. B 6 KA 7/09 R - Tz. 61.

[43] Damals noch § 45 Abs. 2 S. 1 Bundesmantelvertrag-Ärzte bzw. § 34 Abs. 4 S. 2 Bundesmantelvertrag-Ärzte/Ersatzkassen (EKV-Ä), seit ab 1.1.2004 vgl. nunmehr § 106a SGB V.

> *„Für den Senat bestehen auf Grundlage der Feststellungen des LSG keine Zweifel, dass der Kläger wusste, dass der beigeladene (Dr. P.) im Innenverhältnis nicht Mitglied der Gemeinschaftspraxis werden sollte. ... Als langjährig tätiger Vertragsarzt hat der Kläger gewusst, dass ein Arzt, der weder am Erfolg noch am Wertzuwachs der Praxis beteiligt sein sollte, kein Partner einer Gemeinschaftspraxis sein kann.“*[44]
> (Unterstreichungen diesseits)

Dies ist allerdings eine nicht fallrelevante, stigmatisierende Meinungsäußerung, die sich jedenfalls einer fragwürdigen Herleitung bedient.

Sachlich von Bedeutung war für die Überwindung der vierjährigen Ausschlussfrist zur Rückforderung des Honorars allein die Feststellung des LSG zur groben Fahrlässigkeit des abrechnenden Arztes (Ausschluss des Vertrauenstatbestandes gem. § 45 Abs. 2 S. 3 Nrn. 2, 3 SGB X). Ausführungen zum positiven Wissen hätte es daher nicht bedurft.

Aber auch die Herleitung des Meinungsbildes vom Wissen (Vorsatz) scheint fragwürdig. Nicht jeder langjährige Vertragsarzt kennt sich in allen Wirrnissen des Vertragsarztrechts aus. Das „Wissen“ des Arztes um die fehlenden Voraussetzungen der Abrechenbarkeit der Leistungen des angestellten Arztes lassen sich ganz sicher nicht aus seiner bloßen langjährigen Tätigkeit herleiten. Ist – wie in diesem Fall – ein Anwalt an der Gestaltung der rechtlichen Verhältnisse beteiligt, wird man sich mit der subjektiven Tatseite intensivst auseinandersetzen müssen.

Die Frage, ob der Arzt Kenntnis hatte oder nicht, sollte daher den Instanzen überlassen bleiben, die eine diesbezügliche Antwort für die je eigenen Verfahrenszwecke benötigen: Straf- und Berufsgerichte. Sie werden sich mit der notwendigen Intensität mit dieser für sie entscheidende Sachverhaltsfrage beschäftigen. Dieser Ruf zur Selbstbeschränkung erscheint umso dringlicher, als die Vorinstanz, das *LSG Niedersachsen-Bremen*[45], in seinem Urteil dem Arzt lediglich grobe Fahrlässigkeit vorhielt. Fahrlässigkeit reicht aber für § 263 StGB nicht aus. Vorsatz in Fällen anzunehmen, die wie im Fall des BSG anwaltlich beraten waren, liegt regelmäßig fern; die Mediziner (so sie es denn tun) wenden sich an Juristen, weil diese ihnen gangbare Wege aufweisen, jedenfalls aufweisen sollten.

[44] Vgl. BSG vom 23. Juni 2010 - Az. B 6 KA 7/09 R - Tz. 62.
[45] Vgl. LSG Niedersachsen-Bremen, ZMGR 2009, 375, 382.

V. Fazit

Die Entwicklung der Rechtsprechung im strafrechtlichen Bereich war in der Vergangenheit eng mit der sozialversicherungsrechtlichen formalen Betrachtungsweise verbunden. Die hieran oft geübte Kritik in der Literatur ist berechtigt, sozialrechtliche Erwägungen dürfen den strafrechtlichen Vermögensschadensbegriff nicht aushöhlen. Der BGH hat nunmehr für den Bereich von „Schein-Gemeinschaftspraxen“, bei denen es um reine Statusfragen geht, eine mögliche Änderung seiner bisherigen Sichtweise angedeutet. Insoweit besteht – auf einem obiter dictum des BGH basierende – Hoffnung, dass der BGH sich von dem Begründungstopos einer „formalen sozialrechtlichen Betrachtung“ abwendet. Entschieden ist hier bislang noch nichts.

Kooperationen zwischen Ärzten, Krankenhäusern und Hilfsmittelerbringern

Albrecht Wienke

I. Einführung

Die berufliche Zusammenarbeit zwischen niedergelassenen Ärzten und stationären Einrichtungen ist schon seit vielen Jahren ein immerwährend diskutiertes Thema. Auch die Gesundheitspolitik hat mit ihren Gesundheitsstruktur- und Modernisierungsgesetzen, insbesondere aber auch mit dem Vertragsarztrechtsänderungsgesetz und dem GKV-WSG, eine stärkere Zusammenarbeit zwischen den beiden Leistungssektoren gefördert. Die mit solchen Kooperationen verbundenen Intentionen sind sehr unterschiedlich. Viele niedergelassene Ärztinnen und Ärzte versuchen durch eine Einbindung an klinische Einrichtungen ein zusätzliches Standbein zu begründen, da die im Rahmen der Versorgung der gesetzlich krankenversicherten Patienten erzielbaren Honorare in den letzten Jahren immer mehr zurückgegangen sind. Die klinischen Einrichtungen sind an einer Einbindung der niedergelassenen Ärztinnen und Ärzte interessiert, um Personalengpässe zu überbrücken und das eigene Leistungsspektrum durch erfahrene Ärzte zu ergänzen.

Bei dieser Sachlage könnte man meinen, dass die allseits gewünschten Kooperationen zwischen den beiden Leistungssektoren auch von rechtlicher Seite unterstützt werden. Allerdings hat sich bei der jeweiligen Ausgestaltung der Kooperationsmöglichkeiten im Einzelfall immer wieder herausgestellt, dass insbesondere berufsrechtliche Restriktionen solchen Kooperationsvorhaben entgegenstehen. Auch die gesetzlichen Bemühungen, solche Strukturveränderungen zu befördern, haben in der Vergangenheit eine ganze Reihe von ergänzenden Möglichkeiten geschaffen, aber dennoch in der einzelnen Ausgestaltung der Kooperationsvorhaben Fragen offen gelassen.

Im Folgenden sollen daher die derzeit bestehenden Möglichkeiten und Grenzen der Kooperationen zwischen niedergelassenen Ärzten und klinischen Einrichtungen näher beleuchtet werden.

Ähnliche Interessenlagen und Probleme tun sich in der Kooperation zwischen niedergelassenen Ärztinnen und Ärzte einerseits und Hilfsmittelerbringern andererseits auf. Auch für solche, aus Patientensicht an sich wünschenswerten Kooperationen sind die derzeitigen gesetzlichen und berufsrechtlichen Rahmenbedingungen nicht geschaffen. Auch hierzu werden die bestehenden Problemsituationen aufgezeigt und Lösungsvorschläge dargestellt.

II. Berufsrechtliche Grundlagen und Stand der Rechtsprechung

Die §§ 30 ff. der (Muster-) Berufsordnung für die Deutschen Ärztinnen und Ärzte – im Folgenden: MBO genannt – regeln die Wahrung der ärztlichen Unabhängigkeit bei der Zusammenarbeit mit Dritten. Für die nachstehenden Ausführungen sind dabei insbesondere das in § 31 MBO vorgesehene Verbot der unerlaubten Zuweisung von Patienten gegen Entgelt sowie das in § 34 Abs. 5 MBO ausgestaltete Verbot, Patienten ohne hinreichenden Grund an bestimmte Leistungserbringer zu verweisen, relevant. § 31 MBO will insbesondere sicherstellen, dass das Zuweisungsverhalten von Ärzten nicht von wirtschaftlichen Interessen überlagert wird. Daher stellt § 31 MBO das Verbot der Zuweisung von Patienten in den Mittelpunkt der Norm und verknüpft das Verbot mit dem mit der Zuweisung kausal verbundenen wirtschaftlichen Vorteil. Auch die Verbotsnorm des § 34 Abs. 5 MBO stellt auf ein unstatthaftes Verhalten des beteiligten Arztes ab, da das dort normierte Verweisungsverbot nur für den Fall greift, in dem der Arzt keinen hinreichenden Grund für die Verweisung hat.

In der Rechtsprechung haben die genannten berufsrechtlichen Verbotsnormen mittlerweile eine durchaus gewichtige Historie angenommen:

So hat das Oberlandesgericht Koblenz mit seinem Urteil vom 20.05.2003 – 4 U 1532/02 – Zuweiserpauschalen für prä- und postoperative Leistungen bei Kataraktoperationen wegen eines Verstoßes gegen § 31 MBO für unzulässig, berufsrechtswidrig und damit gleichzeitig für wettbewerbswidrig gehalten.

Gleiches gilt für den Fall, den das Oberlandesgericht Schleswig in seinem Urteil vom 04.11.2003 – 6 U 17/03 – zu entscheiden hatte. Das Oberlandesgericht Schleswig hielt sogenannte Nachbetreuungspauschalen für postoperative Behandlungen bei Kataraktoperationen für berufsrechtswidrig und wettbewerbsrechtlich unzulässig. In seiner Entscheidung bezeichnete das Oberlandesgericht diese Zahlungen ausdrücklich als „Fangprämien".

Demgegenüber hielt das Oberlandesgericht Düsseldorf in seinem Urteil vom 16.11.2004 – 20 U 30/04 – das Angebot von prä- und postoperativen Behandlungspauschalen durch Krankenhäuser bei ambulanten Kataraktoperationen für zulässig. Das beklagte Krankenhaus konnte darlegen, dass solche postoperativen Behandlungspauschalen auch nach einem vertragsärztlichen Modellvorhaben der zuständigen Kassenärztlichen Vereinigung Nordrhein vorgesehen waren, so dass es unter berufsrechtlichen Aspekten nicht unüblich sei, postoperative Behandlungspauschalen zu zahlen. Die Düsseldorfer Richter am Oberlandesgericht zogen daraus den Schluss, dass etwas, was unter vertragsarztrechtlichen Vorgaben zulässig sei, im privatärztlichen Bereich nicht unzulässig sein könne.

Demgegenüber schloss sich das Schleswig-Holsteinische Landessozialgericht in seinen Beschluss vom 20.06.2005 – L 4 B 20/05 KA ER – der gegenteiligen Auffassung an. Jedenfalls spreche im Rahmen der summarischen Prüfung des Verfahrens des einstweiligen Rechtsschutzes vieles dafür, dass postoperative Betreuungspauschalen innerhalb integrierter Versorgungsmodelle gegen das berufsrechtliche Verbot der Zuweisung gegen Entgelt verstießen.

Besonderes Aufsehen in der Ärzteschaft haben die Entscheidungen des Landgerichts Duisburg im Urteil vom 01.04.2008 – 4 O 300/07 – und die Berufungsentscheidung des Oberlandesgerichts Düsseldorf im Urteil vom 01.09.2009 – I-20 U 121/08 – verursacht. Beide Gerichte kamen zu dem Ergebnis, dass die vertragliche Verpflichtung eines niedergelassenen Vertragsarztes zur Empfehlung eines Krankenhauses berufsrechtlich unzulässig und zu untersagen sei. Dem Arzt komme bei der Empfehlung eines Krankenhauses gegenüber seinem Patienten eine besondere Verantwortung zu. Jede Empfehlung, die er ausspreche, schaffe für einen erheblichen Teil seiner Patienten einen Druck, dem sie sich nur schwer entziehen könnten. Ein solcher Druck sei nur dann angemessen, wenn die Empfehlung **allein** auf ärztlichen Erwägungen im Hinblick auf die Bedürfnisse des konkret behandelten Patienten beruhe. Eine wie auch immer geartete Verpflichtung des Arztes zur Empfehlung eines bestimmten Krankenhauses lasse aber immer einen Druck befürchten, der unangemessen sei. Es sei nicht zu erwarten, dass die im angegriffenen Vertrag vorgesehene Empfehlung immer nur dann ausgesprochen werde, wenn sie nach den Bedürfnissen der Patienten ohnehin die allein Richtige sei.

Für weitere breite Aufmerksamkeit hat das Urteil des Sächsischen Landessozialgerichts vom 30.04.2008 – L 1 KR 103/07 – gesorgt. Danach könnten ambulant im Krankenhaus erbrachte Operationen nach § 115 b SGB V nur dann gegenüber den Kostenträgern vergütet werden, wenn solche Operationen von Krankenhausärzten durchgeführt würden. Würden diese ambulanten Operationen im Krankenhaus nach § 115 b SGB V demgegenüber von niedergelassenen, nicht am Krankenhaus angestellten Vertragsärzten erbracht, bestehe kein Vergütungsanspruch des Krankenhauses. Die hiergegen zum Bundessozialgericht eingelegte Revision ist kurz vor dem beabsichtigten Verhandlungstermin vor dem Bundessozialgericht von Seiten des klagenden Krankenhausträgers zurückgenommen worden, offensichtlich aufgrund der Befürchtung, dass das Bundessozialgericht die Entscheidung des Landessozialgerichts Sachsen bestätigt.

Dass die rechtliche Beurteilung von Kooperationsvorhaben niedergelassener und an Kliniken tätiger Ärzte nicht nur sektorenübergreifend Probleme macht, zeigt die Entscheidung des Bundessozialgerichts vom 23.06.2010 – B 6 KA 7/09 R -. In diesem Fall ging es um eine Kooperation unter niedergelassenen Ärzten, die sich in einer radiologischen Gemeinschaftspraxis zur gemeinsamen Berufsausübung zusammengeschlossen hatten. Nach der Entscheidung des Bundessozialgerichts vom 23.06.2010 ist die zuständige Kassenärztliche Vereinigung nicht verpflichtet, abgerechnete Leistungen einer sogenannten „unechten" Gemeinschaftspraxis zu vergüten. Wenn nämlich das Vorhandensein einer Gemeinschaftspraxis nur vorgespiegelt werde, tatsächlich aber die Anforderungen an eine Tätigkeit „in freier Praxis" von den jeweiligen Gemeinschaftspraxispartnern nicht erfüllt würden, dürfe eine Kassenärztliche Vereinigung das ausgezahlte Honorar nachträglich zurückfordern. Vom Vorliegen einer Gemeinschaftspraxis sei nur dann auszugehen, wenn alle Partner der Berufsausübungsgemeinschaft zur Übernahme des wirtschaftlichen Risikos der Gemeinschaftspraxis bereit und am Wert der Praxis beteiligte seien. Sogenannte „verkappte Angestelltenverhältnisse" würden dem entgegenstehen.

Die aufgezeigten Einzelfälle machen deutlich, dass die allseits gewünschten Kooperationen zwischen niedergelassenen Ärzte und klinischen Einrichtungen mit erheblichem rechtlichen Gegenwind kämpfen müssen. Bei näherer Betrachtung beschränken sich daher die Kooperationsmöglichkeiten auf wenige, juristisch einwandfreie Kooperationsmöglichkeiten, die im Folgenden darstellt werden.

III. Kooperationen zwischen niedergelassenen Ärzten und stationären Einrichtungen

1. Belegärztliche Tätigkeit

Inbegriff der Kooperation zwischen niedergelassenen Ärzten und stationären Einrichtungen ist der Belegarzt. Als zur vertragsärztlichen Versorgung zugelassener und in eigener Praxis niedergelassener Arzt versorgt der

Belegarzt „seine" Patienten im Falle stationärer Behandlungsbedürftigkeit. Dazu schließt er auf Grundlage einer entsprechenden Zulassung durch die zuständige Kassenärztliche Vereinigung einen Belegarztvertrag mit einem Krankenhausträger ab, der ihn berechtigt, innerhalb der bestehenden Krankenhausorganisation auf seinem Fachgebiet stationäre Patienten im Krankenhaus zu behandeln. Der Patient hat dabei die Gewissheit, dass er während des stationären Aufenthaltes von „seinem" Arzt, den er aus der ambulanten Vorbehandlung kennt, weiter behandelt wird. Ein Arztwechsel zwischen den beiden Versorgungssektoren findet daher nicht statt.

Der Gesetzgeber hat mit dem GKV-WSG eine Ergänzung dieses Vorzeigemodells in § 121 Abs. 5 SGB V geschaffen. Danach können Krankenhäuser mit Belegärzten zur Vergütung der belegärztlichen Leistungen gesonderte Honorarverträge abschließen. Der Vertragsarzt, der auf Basis eines solchen Honorarvertrages stationäre Leistungen in einer Belegabteilung erbringt, erhält auf Grund einer internen vertraglichen Absprache eine Vergütung unmittelbar vom Krankenhaus. Dieses wiederum rechnet die stationären Leistungen in Form der Hauptabteilungs-DRG gegenüber den jeweiligen Krankenkassen ab. Diese begrüßenswerte Regelung hat im Rahmen des Gesetzgebungsverfahrens allerdings einen Schönheitsfehler erhalten. Die vom Krankenhaus abzurechnende Hauptabteilungs-DRG ist nach § 18 des Krankenhausentgeltgesetzes auf 80 % beschränkt, so dass die wirtschaftlichen Beteiligungsmöglichkeiten des Honorararztes im Innenverhältnis für die von ihm erbrachten operativen Leistungen erheblich begrenzt sind. Seit dem Inkrafttreten dieser Neuregelung hat es daher – soweit ersichtlich – nur in wenigen Einzelfällen Belegärzte gegeben, die von der klassischen belegärztlichen Tätigkeit auf das neue Honorararztvertragsmodell nach § 121 Abs. 5 SGB V umgestiegen sind.

2. Ambulantes Operieren im Krankenhaus

Die Einbindung niedergelassener Ärzte in die medizinische Versorgung im Krankenhaus, die vom Gesetzgeber im stationären Bereich durch die Neuregelungen des § 121 Abs. 5 SGB V ausdrücklich für erwünscht erklärt und für zulässig erachtet wird, ist für den ambulanten operativen Sektor erheblich umstritten.

Hier wird das eigentliche Dilemma der Kooperationsmöglichkeiten zwischen niedergelassenen Ärzten und klinischen Einrichtungen deutlich: Wenn es um die Durchführung stationärer (operativer) Leistungen geht, sieht das Gesetz und damit die Rechtsordnung eine zulässige Kooperation auf Basis der belegärztlichen Tätigkeit nach § 121 SGB V vor. Diese Form der kooperierenden Berufsausübung ist seit Jahren unbestritten, vielfältig erprobt, von den Patienten gewünscht und insgesamt ein Erfolgs- und Vorzeigemodell für Kooperationen im Gesundheitswesen.

Sobald aber aus der stationär erforderlichen operativen Tätigkeit des niedergelassenen Arztes als Belegarzt eine ambulante operative Tätigkeit wird, sieht die Rechtsordnung keine, jedenfalls keine juristisch einwandfreie spezifische Kooperationsmöglichkeit vor. Dass allein die Versorgungsstruktur, ob nämlich eine Operation stationär oder ambulant durchgeführt wird, über die Zulässigkeit von Kooperationen entscheidet, macht deutlich, dass hier erheblicher Nachholbedarf bei den bestehenden gesetzlichen Reglementierungen besteht.

Die bereits angesprochene Entscheidung des Sächsischen Landessozialgerichts vom 30.04.2008 – L 1 KR 103/07 – ist in der medizinrechtlichen Literatur heftig umstritten. Das Sächsische Landessozialgericht stellt nämlich darauf ab, dass nur ein in die Organisationsstruktur des jeweiligen Krankenhauses untergeordneter Arzt in der Lage sei, für das Krankenhaus ambulante Operationen nach § 115 b SGB V durchzuführen. Ein nur freiberuflich, über einen Kooperationsvertrag mit dem Krankenhaus verbundener niedergelassener Arzt reiche hierfür nicht aus. Im Ergebnis kann es nicht auf die innere Ausgestaltung des Vertragsverhältnisses zwischen niedergelassenem Arzt und Krankenhausträger im Zusammenhang mit der Durchführung ambulanter Operationen nach § 115 b SGB V im Krankenhaus ankommen. Auch der Vertrag nach § 115 b Abs. 1 SGB V zum ambulanten Operieren und stationsersetzender Eingriffe im Krankenhaus (AOP-Vertrag) zwischen dem GKV-Spitzenverband, der Deutschen Krankenhausgesellschaft und der Kassenärztlichen Bundesvereinigung in der Fassung vom 04.12.2009 sieht in seinen einleitenden Grundsätzen ausdrücklich vor, dass die Zusammenarbeit zwischen niedergelassenen Vertragsärzten und Krankenhäusern auch die nach dem Vertragsrechtsänderungsgesetz zulässigen neuen Kooperationsmöglichkeiten umfassen soll.

Allerdings hat der Gesetzgeber die Beteiligten in diesem Zusammenhang – abgesehen von einer Ausnahme – allein gelassen.

Eine juristisch völlig zweifelsfreie Kooperation zur Durchführung ambulanter Operationen im Krankenhaus nach § 115 b SGB V ist nämlich nur im Falle einer Anstellung nach § 20 Abs. 2 der Ärzte-Zulassungsverordnung möglich. Danach ist die Tätigkeit in oder die Zusammenarbeit mit einem zugelassenen Krankenhaus nach § 108 SGB V mit der Tätigkeit des niedergelassenen Vertragsarztes vereinbar. Diese gesetzliche Neuregelung macht es für niedergelassene Ärzte möglich, unter Berücksichtigung der Rechtsprechung des Bundessozialgerichts in der Woche bis zu dreizehn Stunden in einem sozialversicherungspflichtigen Anstellungsverhältnis in einem Krankenhaus tätig zu sein. Der niedergelassene Arzt ist in dieser Funktion angestellter Krankenhausarzt, der ambulante Operationen im Krankenhaus nach § 115 b SGB V für das Krankenhaus durchführt.

Nur in dieser Vertragskonstruktion sind ambulante Operationen im Krankenhaus durch niedergelassene Ärzte derzeit rechtlich einwandfrei durchführbar.

Die demgegenüber diskutierten Konsiliarärzte bzw. Honorarärzte, die lediglich auf Grundlage eines Dienstleistungsvertrages ohne sozialversicherungspflichtige Anknüpfung an den Krankenhausträger verpflichtet werden, können jedenfalls unter Berücksichtigung der derzeitigen Rechtsprechung nicht mit der erforderlichen rechtlichen Gewissheit bei ambulanten Operationen tätig werden.

3. Vorstationäre Kooperationen

Das Urteil des Bundesgerichtshofs vom 12.11.2009 – III ZR 110/09 – zeigt auf, welche Kooperationsmöglichkeiten zwischen niedergelassenen Ärzten und Krankenhäusern bei vorstationären Behandlungserfordernissen möglich sind. Hintergrund der in diesem Fall vom Bundesgerichtshof zu beurteilenden Leistungsbeziehungen zwischen der radiologischen Praxis eines niedergelassenen Arztes und dem Krankenhausträger war der Umstand, dass das Krankenhaus über keine eigene radiologische Abteilung verfügte. Wenn für stationär aufgenommene Patienten in einem solchen Fall radiologische Leistungen erforderlich werden, muss das Krankenhaus diese Leistungen durch externe Ärzte beschaffen. Solche externen Leistungen sind nach § 2 Abs. 2 Satz 2 Nr. 2 des Krankenhausentgeltgesetzes (KHEntgG) Bestandteil der allgemeinen Krankenhausleistungen. Der Bundesgerichthof hebt in seiner Entscheidung vom 12.11.2009 hervor, dass Leistungen eines vom Krankenhaus hinzugezogenen externen Arztes als Bestandteil der allgemeinen Krankenhausleistungen mit den stationären Entgelten abgegolten sind, soweit es sich um sozialversicherte Patienten handelt. Die Leistungen sind daher aus den Mitteln des Krankenhauses zu Gunsten des hinzugezogenen Arztes zu honorieren, ohne dass die Patienten in Anspruch genommen werden könnten oder die Honorierung über die jeweils zuständige Kassenärztliche Vereinigung vorgenommen werden könnte/müsste.

In den vom BGH aufgezeigten Fällen ist daher eine Kooperation zwischen niedergelassenen Ärzten und Krankenhäusern möglich, wenn und soweit das Krankenhaus die erforderlichen Leistungen nicht selbst in den eigenen Räumen vorhält und sich daher bei externen Ärzten beschaffen muss.

Umgekehrt gilt diese Möglichkeit nicht, wenn das Krankenhaus selbst eine entsprechende Abteilung für die maßgebliche Behandlung vorhält. Niedergelassene Ärzte können in solchen Fällen daher nur ersatzweise, nicht ergänzend zum jeweiligen Krankenhausträger tätig werden.

4. Empfehlungen zu Kooperationen

Die Hilflosigkeit mancher Krankenhausträger mag Ursache dafür sein, dass sich die Krankenhausgesellschaft Nordrhein-Westfalen im Dezember 2009 veranlasst gesehen hat, Prüfkriterien zur Rechtmäßigkeit von Kooperationen (KGNW-Leitplanken) herauszugeben. Nach diesen Leitplanken vom 23.12.2009 hält die Krankenhausgesellschaft Nordrhein-Westfalen ein Prüfraster für die Rechtmäßigkeit von Kooperationen mit Vertragsärzten für erforderlich. Mit diesen Prüfkriterien will die KGNW auf die Diskussion um die sogenannten „Fangprämien" eine klare Position beziehen. Außerdem soll neben der Positionierung zur freien Arzt-/Krankenhauswahl (Wahrung der Patientenautonomie) ein möglicher Preiswertbewerb um rechtswidrige Patientenzuweisungen unterbunden werden. Nach den Hinweisen der KGNW können die Prüfkriterien jedoch im Hinblick auf die Komplexität des Versorgungssystems sowie der jeweiligen Abrechnungssysteme nur als Leitplanken dienen und werden sukzessive – insbesondere unter Berücksichtigung der Erfahrungen in den Clearingstellen und etwaiger neuerer Rechtsprechung – weiterentwickelt.

Entscheidende Kriterien zur Überprüfung der Rechtmäßigkeit von Kooperationen sind nach Auffassung der KGNW Folgende:

- das Leistungsspektrum / der jeweilige Versorgungsauftrag (keine Verschiebung),
- das Leistungsaustauschverhältnis (angemessene Vergütung),
- die Einhaltung der vertragsärztlichen Vorgaben (u. a. Arbeitszeit),
- die Individualität der Kooperation (Einzel- und keine Gruppenverträge),
- die Freiwilligkeit (keine Zwangslage),
- die Gewährleistung der freien Arztwahl (Autonomie des Patienten) und
- die Transparenz der Kooperation (Schriftform/Prüfung der Aufsichtsbehörde).

Daneben hat sich auch die gemeinsame Rechtsabteilung von Bundesärztekammer und Kassenärztlicher Bundesvereinigung gemeinsam mit der Deutschen Krankenhausgesellschaft zur Herausgabe eines Arbeitspapiers unter dem 28.05.2010 entschlossen. Zur Beurteilung von Kooperationen zwischen Vertragsärzten und Krankenhäusern durch die Clearingstellen der Landesärztekammern haben die Bundesärztekammer, die Kassenärztliche Bundesvereinigung und die Deutsche Krankenhausgesellschaft Leitlinien erarbeitet, die in dem Arbeitspapier vom 28.05.2010 niedergelegt sind. Sehr dezidiert und unter Berücksichtigung der aktuellen Rechtsprechung werden in dem Arbeitspapier die verschiedenen Möglichkeiten der Kooperationen, auch anhand von Fallbeispielen, dargestellt. Diese beziehen sich in erster Linie auf die auch hier bereits diskutierten Kooperationen von Belegärzten, Konsiliarärzten, Honorarärzten und Kooperationen bei vor- und nachstationärer Behandlung nach § 115 a SGB V, Kooperationen zur Infrastrukturnutzung sowie Kooperation im Rahmen der integrierten Versorgung nach § 140 a ff. SGB V.

5. Zwischenbemerkung

Die aufgezeigten Fallkonstellationen haben insbesondere auch anhand der in der Rechtsprechung abgehandelten Fälle deutlich gemacht, dass die allseits gewünschte Kooperation und Durchlässigkeit der Versorgungssektoren nach wie vor mehr Wunsch als Wirklichkeit ist. Es bedarf dringend gesetzlicher Klarstellungen im Bereich des Vertragsarztrechts und des Krankenhausorganisationsrechts sowie einer Anpassung des ärztlichen Berufsrechts, um die von der ärztlichen Praxis und den Patienten gewünschten Kooperationsmöglichkeiten auch rechtliche einwandfrei realisieren zu können. Selbstverständlich müssen dabei die berufsrechtlichen Maßgaben berücksichtigt werden, die ein allein an monetären Gesichtspunkten ausgerichtetes ärztliches Verhalten verhindern sollen. Dabei dürfen aber die gezogenen berufsrechtlichen Grenzen nicht so restriktiv ausgestaltet sein, dass die beteiligten Ärzte, die im Übrigen im Rahmen ihrer Berufsausübung auch eine berechtigte Gewinnerzielungsabsicht verfolgen, schneller mit berufsrechtlichen, wettbewerbsrechtlichen und gesetzlichen Sanktionen in Konflikt geraten, als es ihnen lieb sein kann.

Es empfiehlt sich daher, die Rechtsrahmenbedingungen für Kooperationen in der ärztlichen Berufsausübung zu vereinfachen, transparenter zu machen und in einer Weise auszugestalten, dass sie eine rechtssichere Basis für die kooperierende ärztliche Berufsausübung, insbesondere im Bereich der GKV, sind. Die berufsständischen ärztlichen Selbstverwaltungskörperschaften, insbesondere die Ärztekammern und die Kassenärztlichen Vereinigungen, müssen berufsrechtliche und vertragsarztrechtliche Möglichkeiten schaffen, die den Kooperationsfreiraum der beteiligungswilligen Ärzte stärken.

IV. Kooperationen zwischen niedergelassenen Ärzten und Hilfsmittelerbringern

Nach § 30 Abs. 3 MBO ist die Zusammenarbeit zwischen Ärztinnen und Ärzten mit Angehörigen anderer Gesundheitsberufe zulässig, wenn die Verantwortungsbereiche der Ärztin und des Arztes einerseits und des Angehörigen des Gesundheitsberufes andererseits klar erkennbar voneinander getrennt bleiben. Unproblematisch in diesem Zusammenhang ist die Zusammenarbeit mit Krankengymnasten, Orthoptisten, Logopäden und ähnlichen Heilhilfsberufen, die über ein eigenständiges, normiertes Berufsbild verfügen.

So selbstverständlich solche Kooperationen zwischen Ärzten und medizinischen Assistenzberufen, z.B. Krankengymnasten, Logopäden, sind, so unverständlich ist die berufsrechtlich untersagte Kooperation zwischen Ärztinnen und Ärzten einerseits und Hilfsmittelerbringern andererseits. Warum die berufsständischen Einrichtungen hierbei zwischen Heilmittelerbringern (Krankengymnasten, Logopäden) einerseits und Hilfsmittelerbringern (Hörgeräteakustiker, Optiker) andererseits differenzieren, ist weder unter tatsächlichen noch unter rechtlichen Aspekten nachvollziehbar.

Ungeachtet dieser seit Jahren vorgebrachten Kritik ist es nach wie vor berufsrechtliches Dogma, dass es eine generelle Kooperation, wie sie § 30 Abs. 3 MBO für medizinische Assistenzberufe anerkennt, zwischen Ärzten und Hilfsmittelerbringern nicht gibt und nicht geben darf. Angesichts der in diesem Zusammenhang erfolgten gesetzlichen Neuregelungen könnte man den Eindruck gewinnen, dass solche Kooperationen (z.B. zwischen HNO-Ärzten und Hörgeräteakustikern) „Teufelswerk“ sind, da der Gesetzgeber von Lobbyisten getrieben mit allen Mitteln versucht, solche kooperativen Zusammenschlüsse zu unterbinden.

Zunächst ist an dieser Stelle ergänzend zu den eingangs genannten berufsrechtlichen Verboten des § 31 MBO und des 34 Abs. 5 MBO auf § 3 Abs. 2 MBO zu verweisen. Danach ist es Ärztinnen und Ärzten untersagt, im Zusammenhang mit der Ausübung ihrer ärztlichen Tätigkeit Waren und andere Gegenstände abzugeben oder unter ihrer Mitwirkung abgeben zu lassen sowie gewerbliche Dienstleistungen zu erbringen oder erbringen zu lassen, soweit nicht die **Abgabe des Produkts** oder die Dienstleistung wegen ihrer Besonderheit notwendiger Bestandteil der ärztlichen Therapie ist. Neben Diabetes-Teststreifen und Brillen sind in diesem Zusammenhang insbesondere Hörgeräte, die von HNO-Ärzten an ihre Patienten ohne Einschaltung eines Hörgeräteakustiker abgegeben werden, Gegenstand der Rechtsprechung des Bundesgerichtshofs zum sogenannten „verkürzten

Versorgungsweg" geworden. Der Bundesgerichtshof hat sich in seinen Entscheidungen vom 29.06.2000 – I ZR 59/98 – (verkürzter Versorgungsweg) und vom 15.11.2001 – I ZR 275/99 – (Hörgeräteversorgung) eingehend mit der Zulässigkeit des verkürzten Versorgungsweges durch HNO-Ärzte befasst. Danach werden nach entsprechender Indikationsstellung durch den beteiligten HNO-Arzt von diesem die Vorbereitungen für die Herstellung eines Hörgerätes getroffen (Ohrabdrucknahme zur Anfertigung eines Im-Ohr-Gerätes). Davon ausgehend wird im Versandwege ein entsprechendes Hörgerät erstellt, welches vom HNO-Arzt dem Patienten eingesetzt und angepasst wird. Dieser von der Hörgeräteakustikerschaft bis in die heutige Zeit heftig bekämpfte verkürzte Versorgungsweg hat sich vor dem Hintergrund der bestätigenden Rechtsprechung des Bundesgerichtshofs mittlerweile etabliert. Etwa bis zu 20 % der Hörgeräte wurden bis Anfang des Jahres 2009 über den verkürzten Versorgungsweg angepasst.

Allerdings hat der Gesetzgeber, der ja nach bekundetem Willen an einer Kooperation der Leistungserbringer im Gesundheitswesen mehr und mehr interessiert ist, diesem verkürzten Versorgungsweg mit der Neuschaffung des § 128 SGB V ab dem 01.04.2009 weitgehend den Garaus gemacht. So sieht § 128 Abs. 2 SGB V in der Fassung des Gesetzes vom 01.04.2009 vor, dass Hörgeräteakustiker Vertragsärzte nicht gegen Entgelt oder die Gewährung sonstiger wirtschaftlicher Vorteile an der Durchführung der Versorgung mit Hilfsmitteln beteiligen oder solche Zuwendungen im Zusammenhang mit der Verordnung von Hilfsmitteln gewähren dürfen. Unzulässig ist ferner die Zahlung einer Vergütung für zusätzliche privatärztliche Leistungen, die im Rahmen der Versorgung mit Hilfsmitteln von Vertragsärzten erbracht werden, wenn solche Zahlungen von Hörgeräteakustikern erbracht werden.

Mit dieser, ausdrücklich auf den verkürzten Versorgungsweg zugeschnittenen Einzelfall-Gesetzgebung versucht der Gesetzgeber, moderne Versorgungsstrukturen der verkürzten Hilfsmittelversorgung zu unterbinden. Hierbei handelt es sich um ein allein interessengesteuertes Verhalten, welches mit einer vorurteilsfreien und wettbewerbsfreien Marktgestaltung nichts mehr zu tun hat.

Eine verkürzte Versorgung von Hörgeräten im klassischen Sinne ist im Rahmen der GKV nach § 128 Abs. 4 und Abs. 4a SGB V nur noch dann möglich, wenn durch eine entsprechende dreiseitige Vertragsgestaltung zwischen HNO-Ärzten einerseits, Hörgeräteakustikern und Gesetzlichen Krankenkassen andererseits eine Versorgung mit Hörgeräten in der verkürzten Versorgung vereinbart wird. Da die Krankenkassen nur zögerlich solchen dreiseitigen Verträgen zugeneigt sind, hat sich die verkürzte Versorgung von

Hörgeräten seit der restriktiven Gesetzgebung mit dem Jahre 2009 erheblich zurückentwickelt.

Unabhängig von diesen für den Bereich der GKV geltenden Restriktionen besteht aber im privatärztlichen Sektor nach wie vor die Möglichkeit, eine verkürzte Hörgeräteversorgung in Form einer Kooperation zwischen HNO-Ärzten und Hilfsmittelerbringern vorzunehmen.

V. Zusammenfassende Bewertungen

Auch die Kooperationsmöglichkeiten zwischen niedergelassenen Ärztinnen und Ärzten einerseits und Hilfsmittelerbringern andererseits machen deutlich, dass hier erheblicher legislativer Nachholbedarf besteht. Die berufsständischen Einrichtungen sollten sich dazu durchringen, eine Gleichordnung der Rechtsverhältnisse in der Kooperation zwischen Ärztinnen und Ärzten einerseits und anderen an der medizinischen Versorgung der Patienten Beteiligten andererseits vorzunehmen. Die bisherige berufsrechtliche Handhabung und auch die jüngsten gesetzlichen Initiativen im Zusammenhang mit § 128 SGB V legen demgegenüber eher die Annahme nahe, dass die berufsständischen Organisationen und der Gesetzgeber den beteiligen niedergelassenen Ärztinnen und Ärzten per se einen Hang zum unlauteren Verhalten unterstellt. Nach der Gesetzesbegründung sollen die Neuregelungen des § 128 SGB V ausdrücklich der Bekämpfung des korrupten Verhaltens im Gesundheitswesen dienen. Auch dies macht deutlich, dass die Rechtsrahmenbedingungen für Kooperationen im Gesundheitswesen in erster Linie interessengesteuert sind und sich die Beteiligten im Gesundheitswesen selbst am nächsten sind. Auch hier wäre es aus Sicht der Unbeteiligten (Patienten) wünschenswert, wenn sich sowohl die Anbieter gesundheitlicher Leistungen als auch die Patienten im allgemeinen Wettbewerb um gute medizinische bzw. ärztliche Leistungen freier bewegen könnten.

Persönliche Leistungserbringung im Krankenhaus aus Sicht des Klinikmanagements

Alfred Ruppel

Der Vortrag versucht in vier Abschnitten das Spannungsfeld des Chefarztes zu erläutern, in das dieser durch immer unübersichtlicher werdende Rechtssysteme gebracht wird, durch die Frage seiner Handlungsaufträge, aus dem Arbeitsvertrag, Versorgungsauftrag, Standesauftrag und nicht zuletzt aus seinem Berufsethos.

Es findet dabei jedoch keine rechtliche Würdigung der Spannungsfelder statt. Der Vortrag soll helfen, Möglichkeiten oder gar gelebte Unklarheiten aufzuzeigen, um notwendige Strukturveränderungen zu ermöglichen.

I. Stellung des Chefarztes im Krankenhaus

Da die Rolle des Chefarztes für die Weiterentwicklung eines Krankenhauses zunehmend an Bedeutung gewonnen hat und viele Träger im Chefarzt einen Mitunternehmer im Sinne des Wirtschaftssystems sehen, findet die heutige Auswahl unter Beteiligung vieler Verantwortlicher statt.

DRG-Erfahrung, OP-Kompetenz, Qualität der zugesprochenen Fachlichkeit, Zusatzbezeichnung und Visionen des Arztes in medizinischer Hinsicht spielen bei den Auswahlkriterien eine hervorgehobene Rolle. Der Umgang mit KV-Ermächtigung, Wahlleistungsverträgen, Abrechnungsregeln oder Systemabgrenzungen wird weder erfragt, noch ist davon auszugehen, dass der junge Chefarzt über eine entsprechende Kenntnis verfügt. Im Kontext mehrerer Auswahlgespräche muss sich der Kandidat auf die Umsetzung seiner arbeitsvertraglichen Perspektive und seiner Persönlichkeit konzentrieren und ist in hohem Maße von Beratungsleistungen seiner Anwälte oder des Arbeitgebers abhängig. In dieser Phase steht häufig die unter dem Strich stehende Gehaltssituation im Vordergrund, als dass die arbeitsvertraglichen Inhalte auf ihre Wechselwirkung hin überprüft bzw. verstanden werden können. Statt der ehemals liquidationsberechtigten Verträge wurden mit Einführung der DRGs zunehmend Beteiligungsverträge vereinbart, sodass der Chefarzt die wahlärztlichen Leistungen im Rahmen seines Arbeitsvertrages erbringt. Somit hat auch hier ein Wandel vom Unternehmer extern zum Unternehmer intern vertraglich bereits stattgefunden.

Die hieraus resultierenden Sorgfaltspflichten sind bis heute nicht durchgehend für den Chefarzt veröffentlicht. In der Regel übernimmt der Chefarzt von seinem Vorgänger eine vorgeprägte Struktur und versucht im Rahmen der zu stellenden Anträge an die KV bzw. an die Kammer diese in seine neue Rolle zu übertragen. Auch hier findet nach aktuellem Kenntnisstand keine professionelle Begleitung des Chefarztes in kritischen Fragestellungen statt. Die Auseinandersetzung mit seinem Personal und vor allem mit den zunehmend wirtschaftlichen Herausforderungen des akutstationären Bereichs fordern den Arzt vollumfänglich in seiner Rolle als Chefarzt. Neben der abteilungsrelevanten Rolle sieht sich der neue Chefarzt auch in der Kollegialsituation, die durch Wettbewerb und Hierarchie noch immer geprägt ist, sodass interkollegial kaum ein Austausch bezüglich des richtigen Wegs stattfinden kann.

II. Erwartungen an den Arzt aus Sicht der Kliniken, Patienten, Kostenträger und Mitarbeiter

Wie bereits unter Ziffer I dargestellt, ist im Wesentlichen auch zu betrachten, mit welchen Erwartungen die Gesellschaft an den Arzt als Chefarzt/Ltd. Arzt herantritt. Aus Sicht der Kliniken wurde unter Ziffer I bereits beschrieben, dass er zunehmend zum Mitunternehmer herangezogen wird. Darüber hinaus hat er eine persönliche Verantwortung für die Ausbildung von Nachwuchskräften in seinem Bereich, welche sich aus seinem Arbeitsvertrag und auch aus der Aus- und Weiterbildungsordnung der Kammern persönlich ergibt. Auf diesen Tatbestand werde ich später näher eingehen. Weiterhin erwarten die Kostenträger eine Qualitätssichererfunktion und den Facharztstandard, sodass er bereits in medizinisch/fachlicher Sicht als Führungsposition durch die Kostenträger gefordert ist. Nebenbei braucht das Unternehmen Innovationen, die er in die Organisation übertragen muss. Kliniken und Kostenträger erwarten von dem modernen Facharzt einen perfekten Dokumentenmanager, der in der Lage ist, lückenlos Prozesse und medizinische Standards zu dokumentieren. Diese Dokumentationspflicht ist jedoch nicht synchronisiert, sodass aus einer Datenbasis standardisiert ein Dokumentationspflichtenheft entwickelt werden kann, das sowohl abrechnungsrelevante Fragen als auch medizinische Fragen gleichermaßen berücksichtigt. Aus der Vergangenheit der Priorisierungen haben sich verschiedene Dokumentationssysteme entwickelt und werden heute wie selbstverständlich erwartet. All diese Systeme sind durch den Chefarzt zu bedienen. Im Vertragsverhältnis zu den Krankenkassen, privat wie gesetzlich, steht der Arzt als persönlicher Vertragspartner in der Leistungspflicht. Die unterschiedlichen Auslegungen der persönlichen Leistungserbringung werden in den weiteren Vorträgen noch ausführlich vorgestellt. Im Rahmen seiner Ermächtigung für den kassenärztlichen Bereich steht dem Arzt keine Vertretungsmöglichkeit zur Verfügung, sodass der Korridor zur Leistungserbringung sehr eng auf ihn zugeschnitten sein muss. Hieraus resultierende Organisationsfragen und Zeitkorridore entsprechen heute nicht mehr aktuellen Organisationsformen und sind im Rahmen eines modernen Management weiterzuentwickeln. Für die Klinik ist der Arzt jedoch auch Angestellter, für die Mitarbeiter ist er Vorgesetzter und Ausbildungsleiter, für viele Patienten ist er Retter, Hoffnungsträger und Begleiter. Dem Arbeitgeber ist er ferner Erfüllungsgehilfe und Letztverantwortlicher in vielen Fragestellungen. Durch die Aufzählung dieser Erwartungshaltungen an den Leitenden Arzt ist bereits ersichtlich welche emotionalen und vertraglichen Drucksituationen der jeweiligen Entscheidung auf ihm lasten, sodass davon auszugehen ist, dass die Koordination der dahinterstehenden rechtlichen Tragweiten kaum noch zu leisten ist. Insbesondere die Verantwortung als Ausbilder scheint mir hervorzuheben, da er hier junge Ärzte mit der Ausübung medizinischer Tätigkeiten auch im ambulanten Bereich beauftragen muss, um sicherzustellen, dass später Fachärzte breit ausgebildet in der Niederlassung den Facharztstandard erfüllen können. Da dies jedoch ein elementarer Widerspruch zur persönlichen Leistungserbringung im KV-Bereich darstellt, ist hier per se ein Widerspruch definiert, der schlimmstenfalls zu der Negierung von Ausbildung durch Chefärzte führen kann, was wiederum eine Verschärfung der Ärztesituation im ambulanten Bereich, aber auch später im stationären Bereich nach sich ziehen wird.

III. Konfliktfelder des Leitenden Arztes im Alltag

In seiner Funktion als Klinikarzt ist der Chefarzt Bindeglied zwischen Ärzten, Patienten und Organisationen, ohne echte Mitwirkungs- und Gestaltungsmöglichkeiten. Die Ausbildung des Arztes sieht keine Vorbereitung auf die komplexen Rechtslagen vor, die den Arzt in seinen späteren Tätigkeitsfeldern erwarten. In seiner Verantwortung steht der Arzt daher oft im Loyalitätskonflikt der Sicherstellung und Abklärung von Abrechnungsfragen versus Patientenversorgungsnotwendigkeit und ökonomischen Zwängen. Der Arzt muss sich und Dritte ständig fort- und weiterbilden, er wird jedoch in der Weiterbildung Dritter durch höchstpersönliche Leistungserbringung ständig rechtlich eingeengt bzw. gar ganz um des Machbaren gebracht. Die klassischen Vergütungssysteme sind auf Taylorismus ausgelegt und fördern ausschließlich die Funktionalität in Konkurrenz. Teamorientiertes Denken und vernetztes Ausüben der medizinischen Tätigkeit sind komplett ausgeblendet und verhindern die Weiterentwicklung der medizinischen Schwerpunkte hin zu einem modernen System. Die Kommunikationswege zu den Entscheidungsträgern sind oft unklar und die steigende Leistungskomplexität überfordert den Einzelnen als Persönlichkeit. Hier ist dringend Verbesserungsbedarf zu etablieren.

IV. Mögliche Lösungsansätze für den Alltag

Fachverbände der Interessensvertretung, Krankenhäuser und Ärzte sowie die Verantwortlichen der Politik sollten klare Behandlungspfade und deren Schulung im Bereich delegierbarer Leistungen festlegen, um Umsetzungsprobleme in der Erbringung einer ambulanten Leistung eines Arztes zu verhindern. Einführung von Plausibilitätsprüfungen im kollegialen Dialog würden mehr Transparenz ins System und weniger Repressalien erzeugen. Darüber hinaus sollte eine verbesserte Kommunikation zwischen allen Beteiligten vordergründiges Ziel in dieser Fragestellung sein. Notwendige EDV-Unterstützung sollte durch die Transparenz und Vereinfachung der Leistungsabrechnung hergestellt werden. Hier sind explizit auch die die KVen aber auch die Kostenträger gefragt. Ein Modell ähnlich der DRG-Systematik würde hierbei deutlich Abhilfe leisten. Politische Forderungen der Klärung notwendiger Verzahnung von ambulanter und stationärer Versorgung könnten bei der Verbesserung der Kommunikation deutlich helfen. Im Bereich des Basiswissens erfordert die Rechtslehre bereits im Studium eine Unterstützung der Ärzte im Rahmen von Weiterbildungsseminaren, die als Pflichtausbildung organisiert und hinterlegt werden müssen. Durch die Weiterentwicklung von Beteiligungsverträgen und Schulung am Arbeitsplatz können Sicherheit und Selbstbewusstsein der Ärzte gestärkt werden. Durch die Reorganisation der Abläufe und die Anforderungen an den Chefarzt verleiht man der Leitungsrolle eine Organisationsklarheit, die ihn befähigen kann, bestärkt seine Rolle wahrzunehmen.

Berufsrechtliche Verfahren bei den Ärztekammern am Beispiel der Ärztekammer Niedersachsen

Svenja Nolting

I. Einleitung

Der vorgegebene Titel dieses Beitrags lautete „Disziplinarverfahren bei Ärztekammern“. Aus zweierlei Gründen schien eine Abänderung geboten. Zum einen handelt es sich bei dem berufsrechtlichen Verfahren dem Sinn und Zweck nach zwar um ein Disziplinarverfahren, allerdings ist eine Abgrenzung insbesondere zu den seitens der Kassenärztlichen Vereinigungen betriebenen Disziplinarverfahren erforderlich, sodass eine davon abweichende Benennung erfolgt. Zum anderen beruhen die von den einzelnen Ärztekammern durchgeführten berufsrechtlichen und berufsgerichtlichen Verfahren auf den Regelungen der von den Ländern erlassenen Kammergesetze, teilweise existieren auch gesonderte Berufsgerichtsgesetze (z.B. das Gesetz über die Berufsgerichtsbarkeit der Heilberufe in Hamburg), sodass eine länderübergreifende Darstellung der berufsrechtlichen Verfahren bei den Ärztekammern in der gebotenen Kürze nicht erfolgen kann.[1]

In Niedersachsen finden sich die maßgeblichen Rechtsgrundlagen für das berufsrechtliche Ermittlungsverfahren und das berufsgerichtliche Verfahren im Kammergesetz für die Heilberufe (HKG) und in der Berufsordnung der Ärztekammer Niedersachsen (BO). § 9 Abs. 1 Nr. 2 HKG normiert die Verpflichtung der Ärztekammer Niedersachsen, die Erfüllung der Berufspflichten der Kammermitglieder zu überwachen. § 33 HKG verpflichtet die Kammermitglieder ihren Beruf gewissenhaft auszuüben und verweist bezüglich der näheren Berufspflichten auf die Berufsordnung. Diese greift die Verpflichtung aus § 33 HKG in § 2 Abs. 2 BO wieder auf: „Der Arzt hat seinen Beruf gewissenhaft auszuüben und dem ihm bei seiner Berufsausübung entgegengebrachten Vertrauen zu entsprechen.“

[1] Vgl. zu den unterschiedlichen Regelungen der einzelnen Länder: *Frehse/Weimer*, in: Rieger/Dahm/Steinhilper (Hrsg.), Heidelberger Kommentar Arztrecht/Krankenhausrecht/Medizinrecht, Loseblatt Stand August 2010, Nr. 872, Rn. 74-189; vgl. zu einer allgemeinen Übersicht zum berufsrechtlichen Verfahren: *Willems*, Das Verfahren vor den Heilberufsgerichten, Heidelberg u.a. 2009.

Neben dieser sogenannten Generalklausel regelt die Berufsordnung der Ärztekammer Niedersachsen viele Berufspflichten im Einzelnen, so z.B. die Aufklärungs- und Dokumentationspflicht, die Schweigepflicht, die Möglichkeiten und Grenzen der beruflichen Kooperation und die Pflichten zur Wahrung der ärztlichen Unabhängigkeit bei der Zusammenarbeit mit Dritten. Bei dem Erlass dieser Berufsordnung hat sich die Ärztekammer Niedersachsen an der Musterberufsordnung für die Deutschen Ärztinnen und Ärzte (M-BO) orientiert, hat jedoch einige davon abweichende Regelungen getroffen. So wurde beispielweise § 33 Abs. 4 M-BO, wonach dem Arzt die Annahme von geldwerten Vorteilen in angemessener Höhe für die Teilnahme an wissenschaftlichen Fortbildungsveranstaltungen gestattet wird, in Niedersachsen <u>nicht übernommen</u>.

II. Ziele des berufsrechtlichen Verfahrens

Während dem Strafverfahren überwiegend eine Sühnefunktion zukommt, sollen das seitens der Ärztekammer veranlasste berufsrechtliche bzw. berufsgerichtliche Verfahren und die dort zu verhängenden Maßnahmen das Kammermitglied zur Erfüllung seiner Berufspflichten anhalten und dadurch das Ansehen der gesamten Ärzteschaft garantieren und wiederherstellen. Wenngleich einem berufsrechtlichen Verfahren häufig die Beschwerde eines Patienten über das Verhalten des Arztes zugrunde liegt, dient das Verfahren jedoch nicht der Durchsetzung der subjektiven Interessen und Forderungen des Patienten. Dies drückt sich besonders dadurch aus, dass der Patient nicht Beteiligter des Verfahrens ist, sondern für den von ihm erhobenen Vorwurf als Zeuge fungiert.

III. Grundsätze des berufsrechtlichen Verfahrens

Das berufsrechtliche Verfahren ist durch folgende Verfahrensgrundsätze gekennzeichnet:

1. Berufsrechtlicher Überhang

Die Handlung eines Arztes kann sowohl ein Strafgesetz als auch die ärztlichen Berufspflichten verletzen. So verstößt beispielsweise ein Arzt, der unbefugt ein ihm anvertrautes Patientengeheimnis weitergibt, nicht nur gegen § 203 Abs. 1 Nr. 1 Strafgesetzbuch (StGB), sondern auch gegen § 10 Abs. 1

BO. Ist in diesen Fällen gegen den Arzt bereits im Strafverfahren die öffentliche Klage erhoben worden, so ist das berufsrechtliche Verfahren gemäß § 61 Abs. 1 i. V. m. § 23 Abs. 1 Satz 1 Niedersächsisches Disziplinargesetz (NDiszG) für die Dauer des Strafverfahrens auszusetzen. Die Ärztekammer erhält sowohl über die Klageerhebung als auch über den Abschluss des Verfahrens eine Mitteilung nach Nr. 26 der Anordnung über Mitteilungen in Strafsachen (MiStra).

Nach Fortsetzung des berufsrechtlichen Verfahrens schließen weder eine strafrechtliche Verurteilung noch ein Freispruch eine (zusätzliche) berufsrechtliche Ahndung des ärztlichen Verhaltens aus. Zwar darf gemäß des in Art. 103 Abs. 3 Grundgesetz (GG) festgeschriebenen Verbots der Doppelbestrafung niemand wegen derselben Tat auf Grund der allgemeinen Strafgesetze mehrmals bestraft werden. Das ärztliche Berufsrecht stellt allerdings kein solches allgemeines Strafgesetz dar, sodass Art. 103 Abs. 3 GG einer berufsrechtlichen Ahndung bei einer vorausgegangenen strafrechtlichen Bewertung desselben Verhaltens nicht entgegensteht.[2]

Eingeschränkt wird die Möglichkeit der zusätzlichen berufsrechtlichen Ahndung jedoch durch den Grundsatz der Verhältnismäßigkeit. Denn wenngleich nach den Ausführungen des Bundesverfassungsgerichts, aufgrund der „Wesensverschiedenheit von Straf- und Disziplinarrecht nach Rechtsgrund und Zweckbestimmung, sich Strafen und Maßnahmen nicht grundsätzlich gegenseitig ausschließen“[3], erfordert es der Verhältnismäßigkeitsgrundsatz, dass nach den Umständen des konkreten Einzelfalls die Notwendigkeit besteht, „über die in der Strafe liegende allgemeine Missbilligung der Verletzung des Rechtsgutes hinaus, die besondere Missbilligung wegen der Verletzung der Berufspflicht zum Ausdruck zu bringen und mit dieser Reaktion einer Minderung des Ansehens der Ärzteschaft entgegenzuwirken“[4].

Das Erfordernis dieses „berufsrechtlichen Überhangs“ greift § 61 Abs. 2 HKG auf, wonach wegen derselben Tat, die Gegenstand einer rechts- oder bestandskräftigen Entscheidung in einem Straf- oder Bußgeldverfahren war, die Fortsetzung eines berufsrechtlichen Verfahrens nur zulässig ist, wenn diese Entscheidung den Unrechtsgehalt der Berufspflichtverletzung nicht abgegolten hat.

Bei der Feststellung des berufsrechtlichen Überhangs handelt es sich um eine Einzelfallbewertung. Eine klare Abgrenzung wurde von der Rechtsprechung bisher nicht entwickelt.

---

[2] BVerfGE 27, 180 (185).
[3] BVerfGE 27, 180 (186).
[4] BVerfGE 27, 180 (187).

In Niedersachsen hat das Ärztliche Berufsgericht im Fall des Abrechnungsbetruges durch einen Arzt das Vorliegen eines berufsrechtlichen Überhangs bejaht, da gerade im Abrechnungssystem des Gesundheitswesens dem Arzt eine wichtige Vertrauensstellung eingeräumt werde und es zu den ärztlichen Kernpflichten gehöre, diesem Vertrauen gerecht zu werden. Es entstehe durch den Abrechnungsbetrug eines Arztes entstehe ein so erheblicher Ansehensverlust für die Ärzteschaft, dass über die im Strafverfahren ausgesprochenen Sanktionen hinaus eine berufsgerichtliche Ahndung zwingend erforderlich erscheine.[5]

Hingegen sei bei ärztlichen Behandlungsfehlern eine über die strafrechtlichen Sanktionsmöglichkeiten hinausgehende berufsrechtliche Sanktionierung nur dann angebracht, wenn das Verhalten des Arztes nicht nur dem Gebot gewissenhafter Berufsausübung widerspreche, sondern darüber hinaus nach den Umständen des Einzelfalls in besonderem Maße geeignet sei, Achtung und Vertrauen der Patienten in einer für die Ausübung des ärztlichen Berufs bedeutsamen Weise zu beeinträchtigen.[6]

2. Bindungswirkung

Soweit ein ärztliches Verhalten bereits Gegenstand einer strafrechtlichen Verurteilung war, sind gemäß § 61 Abs. 1 HKG i. V. m. § 24 Abs. 1 Satz 1 NDiszG die tatsächlichen Feststellungen eines rechtskräftigen Strafbefehls oder eines rechtskräftigen Urteils im Straf- oder Bußgeldverfahren im berufsrechtlichen Verfahren, das denselben Sachverhalt zum Gegenstand hat, bindend. Eine erneute Prüfung der tatsächlichen Feststellungen ist lediglich dann vorzunehmen, wenn diese offenkundig unrichtig sind.

3. Grundsatz der Subsidiarität

Nach dem in § 62 Abs. 1 Satz 1 HKG niedergelegten Grundsatz der Subsidiarität kann ein berufsrechtliches Verfahren nicht erfolgen, soweit das Berufsvergehen des Arztes Gegenstand eines Disziplinarverfahrens wird.

Dieser Grundsatz kann vor allem Ärzte betreffen, die verbeamtet oder beispielsweise bei der Bundeswehr oder an Universitätskliniken tätig sind. In diesen Fällen wird die Ärztekammer über das Ergebnis der Ermittlungen des Disziplinarvorgesetzten sowie über den Ausgang des Disziplinarverfahrens informiert. Nach Abschluss des Disziplinarverfahrens kann nur dann

[5] Ärztliches Berufsgericht Niedersachsen, Urt. v. 14.05.2003, Az: BG 20/02.

[6] Gerichtshof für die Heilberufe Niedersachsen, Beschl. v. 14.01.2004, Az: 1 T 1/02.

ein zusätzliches berufsrechtliches Verfahren erfolgen, wenn die Entziehung des Berufswahlrechts oder die Feststellung der Berufsunwürdigkeit als berufsgerichtliche Maßnahmen in Betracht kämen.

Wie bereits in der Einleitung angedeutet, haben insbesondere auch die Kassenärztlichen Vereinigungen gemäß § 81 Abs. 5 SGB V über ihre Mitglieder die Disziplinargewalt auszuüben. Die Kassenärztliche Vereinigung Niedersachsen (KVN) hat insoweit als Bestandteil ihrer Satzung eine Disziplinarordnung erlassen, nach deren § 1 Abs. 1 die KVN gegen ihre Mitglieder, die ihre vertragsärztlichen Pflichten nicht oder nicht ordnungsgemäß erfüllen, je nach der Schwere der Verfehlung, auf Verwarnung, Verweis oder Geldbuße bis zu 10.000 Euro erkennen oder die Anordnung des Ruhens der Zulassung bis zu zwei Jahren verhängen kann. Infolge des Subsidiaritätsgrundsatzes erfolgt seitens der Ärztekammer Niedersachsen bei Verstößen des Arztes gegen das Vertragsarztrecht stets eine Abstimmung mit der Rechtsabteilung der KVN über das weitere Vorgehen. Grundsätzlich sind über § 2 Abs. 5 BO auch alle Normen des Vertragsarztrechts in Bezug genommen, sodass auch diesbezüglich eine berufsrechtliche Ahndung seitens der Ärztekammer Niedersachsen erfolgen kann.

Ein berufsrechtliches Tätigwerden der Ärztekammer Niedersachsen scheidet schließlich aus, wenn das ärztliche Fehlverhalten Gegenstand einer approbationsrechtlichen Maßnahme wird. Approbationsrechtliche Verfahren liegen in Niedersachsen im Zuständigkeitsbereich des Niedersächsischen Zweckverbandes zur Approbationserteilung (NiZzA), an den die Ärztekammer Niedersachsen, die Psychotherapeutenkammer Niedersachsen und die Zahnärztekammer Niedersachsen mit Wirkung zum 1. April 2006 die Aufgaben als zuständige Stelle für die Erteilung und den Widerruf von Approbationen und Berufserlaubnissen übertragen haben. NiZzA ist eine Körperschaft des öffentlichen Rechts und hat ihren Sitz in Hannover.

4. Einheitlichkeit des Berufsvergehens

Sind mehrere Berufsrechtsverstöße eines Arztes Gegenstand eines berufsrechtlichen Verfahrens werden diese nicht als verschiedene Tatkomplexe getrennt bewertet, vielmehr gilt der Grundsatz der Einheitlichkeit des Berufsvergehens. Danach sind, da im Berufsrecht das Gesamtverhalten und die Gesamtpersönlichkeit des Arztes zu würdigen sind, die verschiedenen Verstöße des Arztes als einheitliches Berufsvergehen anzusehen.[7] Wird während

[7] Vgl. nur LandesberufsG für Heilberufe Rheinland-Pfalz, Urt. v. 17.04.2003, Az: LBGH A 11762/02.

eines berufsrechtlichen Verfahrens ein weiterer Berufsrechtsverstoß des Arztes bekannt, muss entsprechend dieses Grundsatzes das berufsrechtliche Verfahren erweitert und die Verstöße in einer abschließenden Entscheidung bewertet und geahndet werden. Ist das Verfahren gegen den Arzt bereits vor dem Ärztlichen Berufsgericht anhängig, besteht gemäß § 80 HKG i. V. m. § 49 Abs. 1 NDiszG die Möglichkeit der Erhebung einer Nachtragsklage.

Ob angesichts der von einigen Anwaltsgerichtshöfen[8] vollzogenen Abkehr von dem Grundsatz der Einheitlichkeit der Pflichtverletzung auch im ärztlichen Berufsgerichtsverfahren ein Wegfall dieses Verfahrensgrundsatzes erfolgen wird, bleibt abzuwarten.

5. Nichtöffentlichkeit

In Niedersachsen[9] unterliegen weder das berufsrechtliche Verfahren noch das berufsgerichtliche Verfahren der Öffentlichkeit. Für das berufsgerichtliche Verfahren folgt dies aus § 81 Abs. 2 Satz 1 HKG, wonach die Hauptverhandlung vor dem Ärztlichen Berufsgericht mit Ausnahme der Urteilsverkündung nicht öffentlich ist. Auch das berufsrechtliche Verfahren ist nach der Rechtsprechung des Niedersächsischen Oberverwaltungsgerichts ein kammerinternes Verfahren und unterliegt damit nicht der Öffentlichkeit.[10] Für den Beschwerdeführer einer Patientenbeschwerde folgt daraus, dass er weder über den Ablauf noch über den Abschluss der berufsrechtlichen Ermittlungen informiert werden kann. Er hat lediglich einen Anspruch darauf, dass die Ärztekammer Niedersachsen das beanstandete Verhalten des Arztes in einem gesonderten Verfahren einer berufsrechtlichen Prüfung unterzieht.[11]

Ausnahmen von dem Gebot der Öffentlichkeit stellen die Urteilsverkündung durch das Ärztliche Berufsgericht dar, des Weiteren kann nach § 85 a HKG i. V. m. § 13 Abs. 1 S. 1 Nr. 3, S. 2 Niedersächsisches Datenschutzgesetz (NDSG) eine Auskunft über das Ergebnis des berufsrechtlichen Verfahrens an beispielsweise den Beschwerdeführer erfolgen, wenn dieser ein

[8] AGH Celle, Urt. v. 14.10.2002, Az: AGH 35/01; AGH Hamburg, Urt. v. 16.02.2009, Az: I EVY 6/08.

[9] Im Gegensatz zu der niedersächsischen Regelung sieht bspw. das Hessische Heilberufsgesetz in § 50 Abs. 5 die Möglichkeit vor, die rechtskräftige Entscheidung des Berufsgerichts im Mitteilungsblatt der Kammer zu veröffentlichen, im Falle der Feststellung der Berufsunwürdigkeit ist die Entscheidung öffentlich bekannt zu machen. Andere Bundesländer verweisen hinsichtlich der Öffentlichkeit des Verfahrens auf die diesbezüglichen Vorschriften des Gerichtsverfassungsgesetzes, so z.B. § 85 Heilberufsgesetz Nordrhein-Westfalen.

[10] Nds. OVG, Beschl. v. 29.01.2008, Az: 11 LA 448/07.

[11] Vgl. Nds. OVG, Beschl. v. 29.01.2008, Az: 11 LA 448/07.

berechtigtes Interesse geltend macht und der beschuldigte Arzt der Mitteilung nicht widerspricht. Gemäß § 9 Abs. 2 Satz 2 HKG, hat die Ärztekammer Niedersachsen, wenn eine berufsrechtliche Maßnahme gegen eine Person verhängt wird, die ihre Berufsqualifikationen in einem der in § 3 Abs. 1 HKG genannten Staaten[12] erworben hat, diesen Staat über die Maßnahme zu unterrichten. Auskunftsrechte gegenüber anderen Kammern sowie Strafverfolgungsbehörden ergeben sich schließlich aus § 85a Abs. 2 HKG.

IV. Berufsrechtliches Ermittlungsverfahren

Die Ärztekammer Niedersachsen hat gemäß § 74 Abs. 1 HKG ein berufsrechtliches Verfahren einzuleiten und die erforderlichen Ermittlungen durchzuführen, wenn Tatsachen bekannt werden, die den Verdacht eines Berufsvergehens rechtfertigen. Lediglich wenn bereits zu diesem frühen Zeitpunkt feststeht, dass eine berufsrechtliche Maßnahme nicht angezeigt erscheint, ist die Einleitung eines berufsrechtlichen Ermittlungsverfahrens entbehrlich.

1. Berufsrechtliche Vorermittlungen

Um die Erforderlichkeit einer berufsrechtlichen Ahndung einschätzen zu können, werden dem berufsrechtlichen Ermittlungsverfahren in Niedersachsen sogenannte berufsrechtliche Vorermittlungen vorgeschaltet. Die Zuständigkeit für diese Vorermittlungen liegt bei den elf Bezirksstellen der Ärztekammer Niedersachsen.

Sobald dort Tatsachen bekannt werden, die ein Berufsvergehen für möglich erscheinen lassen, werden berufsrechtliche Vorermittlungen durchgeführt. In der Regel wird zu dem betreffenden Sachverhalt eine Stellungnahme des Arztes eingeholt, gleichsam können Zeugen befragt werden, sodann erfolgt eine erste Bewertung des Vorgangs. Der Bezirksstellenvorstand wird schließlich über das Ergebnis der Vorermittlungen informiert und entscheidet, ob er die Einleitung eines förmlichen berufsrechtlichen Ermittlungsverfahrens für angezeigt erachtet.

---

[12] Mitgliedstaaten der Europäischen Union; Vertragsstaaten des Abkommens vom 2. Mai 1992 über den Europäischen Wirtschaftsraum (EWR-Abkommen) (BGBl. 1993 II S. 266); Staaten, den gegenüber sich Deutschland und die Mitgliedstaaten der Europäischen Union vertragsrechtlich zur Gleichbehandlung seiner Staatsangehörigen verpflichtet haben; Drittstaaten, deren Staatsangehörige wegen besonderer persönlicher Merkmale hinsichtlich der Anerkennung von Ausbildungsnachweisen nach dem Recht der Europäischen Gemeinschaft gleichzustellen sind.

2. Einleitung des berufsrechtlichen Ermittlungsverfahrens

Hält der Bezirksstellenvorstand die Einleitung eines berufsrechtlichen Ermittlungsverfahrens für geboten, wird der Vorgang an die Landesstelle der Ärztekammer Niedersachsen in Hannover weitergeleitet. Seitens des Sachgebiets Berufsaufsicht erfolgt eine rechtliche Bewertung des Sachverhalts.

Gemäß § 74 Abs. 2 HKG, wonach dem Kammermitglied im berufsrechtlichen Ermittlungsverfahren Gelegenheit zu geben ist, sich zu allen ihm zur Last gelegten Tatsachen zu äußern, wird der Arzt unter Angabe des konkreten Sachverhalts sowie Benennung der möglicherweise verletzten Berufspflichten um Stellungnahme gebeten. Eine Verpflichtung zur Abgabe einer Stellungnahme besteht nicht, da auch im berufsrechtlichen Verfahren der Arzt selbstverständlich nicht zu seinen Lasten aussagen muss. In diesem Zusammenhang ist jedoch § 2 Abs. 6 BO zu beachten, wonach der Arzt auf Anfragen der Ärztekammer, welche diese zur Erfüllung ihrer gesetzlichen Aufgaben bei der Berufsaufsicht an den Arzt richtet, in angemessener Frist zu antworten hat. Aufgrund dieser Auskunftspflicht hat der Arzt auf die Bitte um Stellungnahme der Ärztekammer Niedersachsen zumindest mitzuteilen, ob er von dieser Äußerungsmöglichkeit Gebrauch machen möchte.

3. Abschluss des berufsrechtlichen Ermittlungsverfahrens

Sind die berufsrechtlichen Ermittlungen abgeschlossen, entscheidet der Vorstand der Ärztekammer Niedersachsen über das weitere Vorgehen. Ihm stehen dabei drei verschiedene Handlungsvarianten zur Verfügung.

So kann der Vorstand, wenn durch die Ermittlungen ein Berufsvergehen nicht festgestellt wird oder aber eine Ahndung für nicht zulässig oder nicht angezeigt erscheint, das berufsrechtliche Ermittlungsverfahren gemäß § 75 Abs. 1 HKG einstellen. Hält er hingegen das Kammermitglied eines Berufsvergehens für hinreichend verdächtig, kann bei dem Ärztlichen Berufsgericht Niedersachsen die Eröffnung des berufsgerichtlichen Verfahrens beantragt werden. Als dritte Variante kann der Vorstand von seinem ihm gemäß § 76 HKG i. V. m. § 64 HKG zustehenden Rügerecht Gebrauch machen. Voraussetzung für das Rügeverfahren ist, dass der Vorstand der Ärztekammer Niedersachsen ein Berufsvergehen für erwiesen hält, jedoch wegen der geringen Schuld einen Antrag auf Eröffnung des berufsgerichtlichen Verfahrens für nicht angebracht erachtet. Er kann in diesen Fällen das Verhalten des Arztes durch einen Tadel oder ein Ordnungsgeld in Höhe von bis zu 1.500 € ahnden. Die Ahndung erfolgt durch Erlass eines zu begründenden schriftlichen Bescheids, welcher dem Kammermitglied zuzustellen ist.

Berufsrechtsverstöße, bei denen der Vorstand der Ärztekammer Niedersachsen von seinem Rügerecht Gebrauch macht, sind in der Regel die Nichtabgabe von Stellungnahmen entgegen § 2 Abs. 6 BO sowie die verzögerte Erstellung von Befundberichten (bei „Ersttätern") entgegen § 25 BO.

Für das Kammermitglied besteht gemäß § 77 Abs. 1 Satz 1 HKG die Möglichkeit gegen eine Rüge innerhalb eines Monats nach Zustellung bei der Ärztekammer schriftlich Einspruch einzulegen. Der Vorstand der Ärztekammer Niedersachsen befasst sich dann erneut mit dem der Rüge zugrundeliegenden Sachverhalt. Er kann dem Einspruch ganz oder teilweise abhelfen. Hilft der Vorstand dem Einspruch nicht ab, beantragt er die Eröffnung des berufsgerichtlichen Verfahrens.

Neben der Ärztekammer Niedersachsen kann gemäß § 78 Abs. 1 Satz 2 HKG auch die Aufsichtsbehörde der Ärztekammer Niedersachsen, das Niedersächsische Ministerium für Soziales, Frauen, Familie, Gesundheit und Integration, die Eröffnung eines berufsgerichtlichen Verfahrens beantragen. Auch das Kammermitglied selbst kann nach § 78 Abs. 2 HKG die Durchführung eines berufsgerichtlichen Verfahrens gegen sich selbst beantragen.

Die Antragsschrift ist an das Ärztliche Berufsgericht Niedersachsen zu richten, das über die Eröffnung des berufsgerichtlichen Verfahrens entscheidet. Vor dieser Entscheidung teilt das Berufsgericht dem Kammermitglied die Anschuldigungen mit und räumt ihm die Gelegenheit zur schriftlichen oder mündlichen Stellungnahme ein. Ergeht ein Eröffnungsbeschluss, ist dieser unanfechtbar. Lehnt hingegen das Berufsgericht die Eröffnung des Verfahrens ab, ist dieser Ablehnungsbeschluss zu begründen und kann mit der Beschwerde vor dem Gerichtshof für die Heilberufe angegriffen werden.

Eine Ablehnung der Eröffnung des berufsgerichtlichen Verfahrens kann dabei insbesondere aufgrund der Verfolgungsverjährung in Betracht kommen. So sind gemäß § 65 Abs. 1 HKG der Antrag auf Eröffnung des berufsgerichtlichen Verfahrens sowie die Rüge nicht mehr zulässig, wenn seit der Begehung eines Berufsvergehens mehr als fünf Jahre vergangen sind. Verstößt das Berufsvergehen hingegen auch gegen ein Strafgesetz, so endet die Frist nicht vor der Verjährung der Straftat.

Zu beachten ist auch, dass § 65 Abs. 2 HKG zum einen festlegt, dass, wenn vor Ablauf der Verjährungsfrist wegen derselben Tat ein Straf-, Bußgeld- oder Disziplinarverfahren eingeleitet worden ist, die Frist vom Beginn der Ermittlungen bis zum Abschluss des Verfahrens gehemmt ist. Zum anderen werden für Beginn, Ruhen und Unterbrechung der Verjährung die §§ 78 a bis 78 c StGB für entsprechend anwendbar erklärt. Dies führt dazu, dass bei entsprechender Anwendung des § 78 c Abs. 1 Nr. 1 StGB durch die formelle Einleitung des berufsrechtlichen Ermittlungsverfahrens die Verjährungsfrist unterbrochen wird.

V. Das berufsgerichtliche Verfahren

1. Das erstinstanzliche Verfahren

In erster Instanz wird in Niedersachsen vor dem Ärztlichen Berufsgericht Niedersachsen verhandelt. Dieses hat seinen Sitz in Hannover und verhandelt in den Räumen des örtlichen Landgerichts. Das Gericht entscheidet in der Besetzung mit einem Berufsrichter als Vorsitzenden und zwei ehrenamtlichen Beisitzern, die Mitglieder der Ärztekammer Niedersachsen sind, § 68 Abs. 1 HKG. Als berufsgerichtliche Maßnahmen kommen gemäß § 63 Abs. 1 HKG der Verweis, eine Geldbuße bis zu 50.000 €, die Entziehung des Berufswahlrechts mindestens für die Dauer von fünf Jahren, die Feststellung der Berufsunwürdigkeit sowie die Feststellung in Betracht, dass das beschuldigte Kammermitglied für die Dauer von höchstens fünf Jahren ungeeignet ist, Weiterbildung verantwortlich zu leiten. Mit Ausnahme des Verweises können gemäß § 63 Abs. 1 Satz 2 HKG die berufsgerichtlichen Maßnahmen auch nebeneinander verhängt werden.

Grundsätzlich entscheidet das Ärztliche Berufsgericht nach Durchführung einer Hauptverhandlung, zu der gemäß § 81 Abs. 1 HKG das beschuldigte Kammermitglied, die Ärztekammer und das Sozialministerium als Beteiligte sowie der Rechtsbeistand des Kammermitglieds und etwaige Zeugen und Sachverständige geladen werden.

Erweist sich die Verletzung der Berufspflichten durch das beschuldigte Kammermitglied als geringfügig, kann gemäß § 81 Abs. 3 HKG das Ärztliche Berufsgericht mit Zustimmung der Beteiligten das berufsgerichtliche Verfahren in jeder Lage unter entsprechender Anwendung des § 153 a Abs. 2 und 3 StGB durch unanfechtbaren Beschluss einstellen. Ein dem beschuldigten Arzt auferlegter Geldbetrag kommt dabei der Ärztekammer oder einer sozialen Einrichtung zugute.

Als Alternative zur Durchführung einer Hauptverhandlung kann das Ärztliche Berufsgericht gemäß § 82 Abs. 1 HKG auch im Beschlusswege entscheiden. Dies ist jedoch nur möglich, soweit als berufsrechtliche Maßnahmen der Verweis oder eine Geldbuße bis zu 3.000 € in Betracht kommen. Zudem muss den Beteiligten vor einer solchen Entscheidung Gelegenheit zur Äußerung gegeben werden. Gegen den Beschluss des Ärztlichen

Berufsgerichts können alle Beteiligten innerhalb eines Monats beantragen, eine Hauptverhandlung anzuberaumen. Wird der Antrag rechtzeitig gestellt, gilt der Beschluss als nicht erlassen, anderenfalls wirkt er wie ein rechtskräftiges Urteil.

Soweit das Ärztliche Berufsgericht aus Anlass eines Einspruchs gegen einen Rügebescheid entscheidet, ist zu beachten, dass ohne Durchführung einer Hauptverhandlung das Gericht von der Rüge nicht zum Nachteil des Kammermitglieds abweichen darf. Findet hingegen eine Hauptverhandlung statt, gilt das Verbot der reformatio in peius nicht.

2. Das Verfahren in der Rechtsmittelinstanz

Gemäß § 83 Abs. 1 Satz 1 HKG können die Beteiligten gegen das Urteil des Berufsgerichts innerhalb eines Monats nach Zustellung beim Berufsgericht schriftlich oder zur Niederschrift bei der Geschäftsstelle Berufung einlegen. In Niedersachsen entscheidet in der Rechtsmittelinstanz der Gerichtshof für die Heilberufe, welcher seinen Sitz ebenfalls in Hannover hat. Der Gerichtshof verhandelt und entscheidet in der Besetzung mit einem Berufsrichter als Vorsitzenden, zwei weiteren Berufsrichtern sowie zwei ehrenamtlichen Beisitzern, die Mitglieder der Ärztekammer Niedersachsen sind.

Der Gerichtshof entscheidet grundsätzlich nach Durchführung einer mündlichen Hauptverhandlung. Auch ihm steht gemäß § 83 Abs. 2 Satz 2 i. V. m. § 82 HKG jedoch die Möglichkeit offen, ohne Hauptverhandlung im Beschlussverfahren zu entscheiden.

Hält der Gerichtshof die Berufung für zulässig und begründet, hebt er das Urteil des Berufsgerichts auf. Der Gerichtshof kann in diesem Fall entweder selbst entscheiden oder aber die Sache an das Berufsgericht zurückverweisen, im letzteren Fall ist das Berufsgericht an die rechtliche Beurteilung des Gerichtshofs gebunden.

Wurde die Berufung ausschließlich zu Gunsten des beschuldigten Kammermitglieds eingelegt, darf das Urteil des Berufsgerichts nicht zum Nachteil des Kammermitglieds abgeändert werden.

3. Kosten

Gemäß § 85 Abs. 3 HKG ist das berufsgerichtliche Verfahren gebührenfrei. Das beschuldigte Kammermitglied hat im Falle seiner Verurteilung seine eigenen Aufwendungen zu tragen. Wird der Arzt freigesprochen oder hat seine Berufung Erfolg, erstattet die Ärztekammer die notwendigen Aufwendungen des Kammermitglieds. Im Fall der Einstellung des Verfahrens können dem Kammermitglied seine Kosten auferlegt werden, anderenfalls hat die Ärztekammer die Aufwendungen zu erstatten.

IV. Der Arzt im Wirtschaftsstrafrecht

1. Beratung der Ärzte

In der täglichen Beratungspraxis kommt die Ärztekammer Niedersachsen am ehesten dann mit einem möglicherweise wirtschaftsstrafrechtlich relevanten Verhalten von Ärzten in Berührung, wenn die Kammermitglieder Verträge über Leistungserbringungen für Hersteller von Arzneimitteln oder Medizinprodukten zur Prüfung vorlegen, sich nach der Zulässigkeit der Annahme von Vorteilen im Zusammenhang mit der Teilnahme an Fortbildungsveranstaltungen erkundigen oder aber „Kooperationen" mit anderen Anbietern im Gesundheitswesen (insbesondere Apothekern) planen und sich diesbezüglich informieren möchten. Bei der Beratung wird die geplante Tätigkeit weniger an Normen des Strafgesetzbuches bzw. der einschlägigen Rechtsprechung gemessen, als in erster Linie anhand der Vorgaben der Berufsordnung (§§ 30 ff. BO) beurteilt. Zu beachten ist dabei, dass die berufsrechtlichen Bestimmungen zur ärztlichen Zusammenarbeit mit Dritten sehr weit gefasst sind, während die Tatbestandvoraussetzungen der wirtschaftsstrafrechtlichen Normen weitaus enger formuliert sind. Infolgedessen kann die berufsrechtliche Prüfung eher zu einer Unzulässigkeit der Vorhaben der Ärzte führen als dies bei einer strafrechtlichen Bewertung der Fall wäre.

So ist es beispielweise dem Arzt gemäß § 33 Abs. 3 BO generell untersagt, für den Bezug von Arzneimitteln oder Medizinprodukten Geschenke oder andere Vorteile zu fordern, sich versprechen zu lassen oder anzunehmen. Der lebhaft geführte Streit, ob ein Vertragsarzt Beauftragter der Krankenkassen oder gar Amtsträger ist, spielt im Berufsrecht keine Rolle.

2. Berufsaufsicht

Im Rahmen der Berufsaufsicht wird die Ärztekammer Niedersachsen mit Delikten des Wirtschaftsstrafrechts zumeist erst befasst, nachdem die beanstandeten Handlungen des Arztes Gegenstand einer strafrechtlichen Überprüfung waren. So erlangt die Ärztekammer von bereits praktizierten „Geschäftsbeziehungen", die geeignet sind, auf Seiten des Arztes den Tatbestand der Vorteilsannahme oder der Bestechlichkeit zu erfüllen, nicht durch Beschwerden oder Anfragen Kenntnis, sondern diese werden häufig im Rahmen von Betriebsprüfungen, Presserecherchen oder polizeilichen Ermittlungen bekannt und daraufhin zunächst zum Gegenstand eines strafrechtlichen Verfahrens.

Soweit sich niedersächsische Ärzte dem Verdacht des Abrechnungsbetruges ausgesetzt sehen, beruht dies in der Regel auf Erkenntnissen der Kassenärztlichen Vereinigung. Von dort wird in diesen Fällen nicht nur ein Regressverfahren gegen den Arzt betrieben, regelmäßig wird darüber hinaus auch Strafanzeige gegen den Arzt erstattet, sodass auch in diesen Fällen eine strafrechtliche Prüfung erfolgt, bevor eine berufsrechtliche Bewertung des Sachverhalts durchgeführt werden kann.

Nicht jedes ärztliche Handeln, welches Gegenstand einer strafrechtlichen Bewertung war, gelangt jedoch der Ärztekammer auch zur Kenntnis. So erfordert Nr. 26 MiStra eine Mitteilung an die Ärztekammer erst bei Erhebung der öffentlichen Klage. Stellt hingegen die Staatsanwaltschaft das Verfahren nach § 170 Abs. 2 StPO oder gemäß § 153 a StPO ein, wird das verfahrensgegenständliche Verhalten des Arztes, obgleich es möglicherweise im Widerspruch zu den Berufspflichten steht, der Ärztekammer nicht bekannt. Da zudem, wie in Abschnitt III.3. dargestellt, die Kassenärztliche Vereinigung über ihre Mitglieder die Disziplinargewalt ausüben kann und der Ärztekammer ein zusätzliches berufsrechtliches Vorgehen in diesen Fällen verwehrt ist, werden in Niedersachsen nur wenige wirtschaftsstrafrechtliche Delikte von Ärzten Gegenstand einer berufsrechtlichen Prüfung durch die Ärztekammer.

3. Die berufsrechtliche Bewertung von Falschabrechnungen

In den vergangenen zwölf Monaten haben bei der Ärztekammer Niedersachsen, die Vertragsprüfungen und Beratungen ausgenommen, die berufsrechtlichen Vorgänge mit wirtschaftsstrafrechtlichem Hintergrund etwa 5 % der gesamten Vorgänge ausgemacht. In allen diesen Fällen wurden den Ärzten falsche Abrechnungen zur Last gelegt, in lediglich einem Fall liegt ein rechtskräftiges Strafurteil oder ein rechtskräftiger Strafbefehl nicht vor.

Wie bereits dargestellt, sind die strafrechtlichen Feststellungen eines rechtskräftigen Urteils oder Strafbefehls im berufsrechtlichen Verfahren bindend. Daraus folgt, dass, soweit die Strafgerichte im Bereich des Abrechnungsbetruges die streng formale Betrachtungsweise des Sozialversicherungsrechts anwenden und zu einem normativen Schadensbegriff und damit zu einer Strafbarkeit des ärztlichen Handelns kommen, diese Wertung im berufsrechtlichen Verfahren übernommen wird. Zu beachten ist jedoch, dass für die berufsrechtliche Bewertung maßgeblich ist, dass der Arzt die über § 2 Abs. 5 BO in Bezug genommenen Regelungen des Vertragsarztrechtes durch eine inkorrekte Abrechnung verletzt hat und damit ein gewissenhaftes ärztliches Verhalten gemäß § 2 Abs. 2 BO nicht vorliegt. Das berufsrechtliche Verfahren knüpft also an die vorschriftswidrige Handlung des Arztes an und berücksichtigt die gegebenenfalls eingetretenen Folgen lediglich im Rahmen der Höhe der berufsrechtlichen Ahndung. Bei einer Falschabrechnung durch den Arzt wird man aufgrund der Bezugnahme auf die Regelungen des Vertragsarztrechtes die streng formale Betrachtungsweise des Sozialversicherungsrechts übernehmen und damit den normativen Schadensbegriff anwenden.

Die berufsrechtliche Bewertung des ärztlichen Handelns nach einer bereits erfolgten strafrechtlichen Verurteilung kann schließlich nur erfolgen, wenn ein berufsrechtlicher Überhang angenommen werden kann. Wie dargestellt, erachtet das Ärztliche Berufsgericht Niedersachsen in den Fällen des Abrechnungsbetrugs einen berufsrechtlichen Überhang regelmäßig für gegeben, da durch den Abrechnungsbetrug eines Arztes ein so erheblicher Ansehensverlust für die Ärzteschaft entstehe, dass über die im Strafverfahren ausgesprochenen Sanktionen hinaus eine berufsgerichtliche Ahndung zwingend erforderlich erscheine. Dementsprechend wird bei einem Abrechnungsbetrug des Kammermitglieds seitens der Ärztekammer Niedersachsen in aller Regel ein berufsrechtliches Verfahren eingeleitet.

Soweit die Abrechnungsbetrugsfälle der vergangenen 12 Monate bereits von dem Ärztlichen Berufsgericht entschieden wurden, lagen die ausgesprochenen Geldbußen im niedrigen vierstelligen Bereich. Allerdings ist zu beachten, dass in diesen Fällen die Taten bereits einige Jahre zurücklagen und das zwischenzeitliche Wohlverhalten der Ärzte zu ihren Gunsten berücksichtigt wurde.

V. Schlussbemerkungen

Neben der Verpflichtung, die Erfüllung der Berufspflichten durch die Kammermitglieder zu überwachen, ist es Aufgabe der Ärztekammer Niedersachsen, die Kammermitglieder in Fragen der Berufsausübung zu beraten und auf diesem Wege den möglichen Verstößen von Kammermitgliedern gegen das ärztliche Berufsrecht entgegenzuwirken und die Durchführung von berufsrechtlichen Verfahren zu vermeiden.

In Anbetracht des Untertitels des Workshop-Themas „Abkehr von unerwünschten und unerwarteten Strafbarkeitsrisiken in der ärztlichen Berufsausübung“ sei daher abschließend auf diese Beratungsmöglichkeit hingewiesen. Gleichsam sei erwähnt, dass nach § 24 BO der Arzt alle Verträge über seine ärztliche Tätigkeit vor ihrem Abschluss der Ärztekammer vorzulegen hat, damit geprüft werden kann, ob die beruflichen Belange gewahrt sind.

Zwar werden „unerwartete Strafbarkeitsrisiken", wie sie sich beispielsweise aus dem Beschluss des Oberlandesgerichts Braunschweig[13] hinsichtlich der Einstufung von Vertragsärzten als Beauftragte im Sinne des § 299 StGB ergeben können, durch eine berufsrechtliche Prüfung nicht gänzlich ausgeschlossen werden können. Hinsichtlich des der Entscheidung des Oberlandesgerichts zugrundeliegenden Verhaltens der Ärzte, möglicherweise monatliche Mietzuschüsse sowie eine Kostenübernahme von Umbauten in den Praxisräumen von einem Apotheker angenommen zu haben, wäre den Ärzten bei einer berufsrechtlichen Prüfung vor dem Hintergrund des § 32 BO von ihrem Vorhaben dringend abgeraten worden. Ein strafrechtliches Ermittlungsverfahren wäre auf diesem Wege vermeidbar gewesen.

[13] OLG Braunschweig, Beschl. v. 23.02.2010, Az: Ws 17/10.

Plädoyer für die Abkehr von der „streng formalen Betrachtungsweise“ im Bereich des Abrechnungsbetruges

Hendrik Schneider

I. Vorbemerkungen aus Sicht der Wirtschaftskriminologie

1. Günstige Tatgelegenheiten und Versuchungen

Günstige Tatgelegenheiten entstehen, wenn das Entdeckungsrisiko für die Begehung einer Straftat gering und der zu erwartende Ertrag hoch ist[1]. Menschen erliegen den Verlockungen der günstigen Tatgelegenheit[2], soweit sie in der Rechtfertigung vor sich selbst auf Argumente zurückgreifen können, die ihr Gewissen beruhigen und ihnen dabei helfen, trotz der Begehung einer Straftat ihr Selbstbild als gesetzestreuer Leistungsträger der Gesellschaft aufrecht zu erhalten[3]. Die Reduktion der „kognitiven Dissonanz“ fällt dem

[1] Grundlegend: *Schneider*, in: RoelfsWP Partner AG/Universität Leipzig (Hrsg.): Der Wirtschaftsstraftäter in seinen sozialen Bezügen 2009. Die Bedeutung der Tatgelegenheiten wird in allen Arbeiten, die sich mit den Ursachen der Wirtschaftskriminalität auseinandersetzen, hervorgehoben; vgl. aus der Perspektive des „routine activity approach“: *Felson/Boba*: Crime and Everyday Life 2010, S. 115ff.; *Benson/Simpson*: White Collar Crime. An Opportunity Perspective 2009, S. 91, speziell zu „fraud in health care“, S. 93-99; aus der Perspektive des „Rational-Choice Ansatzes“: *Shover/Grabosky*: White Collar crime and the Great Recession, Criminology&Public Policy 2010, S. 429ff. sowie *Grabosky/Shover*: Forestalling the next epidemic of white-collar crime. Linking policy to theory, Criminology&Public Policy 2010, S. 641ff.; sowie aus der Perspektive eines wirtschaftskriminologischen Mehrfaktorenansatzes: *Bussmann*: Kriminalprävention durch Business Ethics. Ursachen von Wirtschaftskriminalität und die besondere Bedeutung von Werten, zfwu 2004, S. 35ff., 38 und in Integrationsansätzen: *Coleman*: Toward an Integrated Theory of White-Collar Crime, American Journal of Sociology 93 (1987), S. 406ff.; *Schneider*: Das Leipziger Verlaufsmodell wirtschaftskriminellen Handelns, NStZ 2007, S. 555ff.

[2] Zu weiteren personalen Risikofaktoren, vgl. *Schneider* 2007 (Fn.: 1).

[3] So genannte „techniques of neutralization“, grundlegend: *Cressey*: Other People's Money 1953; *Sykes/Matza*: Techniques of Neutralization: A Theory of Delinquency, American Sociological Review 22 (1957), S. 664ff.; speziell zur Bedeutung von Neutralisierungsstrategien bei Wirtschaftsstraftaten: *Benson*: Denying the Guilty Mind: Accounting for Involvement in White-Collar-Crime, Criminology 23 (1985), S. 583ff.; *Hollinger*: Neutralizing in the Workplace: An Empirical Analysis of Property Theft and Production Deviance, Deviant Behavior 12 (1991), S. 169ff.; *Gauthier*: Professional Lapses: Occupational Deviance and Neutralization Techniques in Veterinary Medical Practice, Deviant Behavior 22 (2001), S. 467ff.; *Piquero/Tibbets/Blankenship*: Examining the Role of Differential Association and Techniques of Neutralization in Explaining Corporate Crime, Deviant Behavior 26 (2005),

Täter besonders leicht, wenn es ihm am Glauben an die Legitimität der Normen, gegen die er verstößt, fehlt und wenn für ihn unklar ist, wen er durch sein Verhalten schädigt.

Diese wirtschaftskriminologischen Grundüberlegungen lassen sich am Beispiel der Abrechnung ärztlicher Behandlungsleistungen deutlich veranschaulichen. Die Abrechnung ambulanter vertragsärztlicher Leistungen anhand des Einheitlichen Bewertungsmaßstabs (EBM) mit seinen 1.400 Druckseiten und über 16.000 Gebührenausschlüssen, aber auch die Abrechnung von Krankenhausleistungen anhand des DRG-Systems sind an Komplexität kaum mehr zu überbieten und deshalb nicht nur fehler-[4], sondern auch missbrauchsanfällig[5]. Im System der gesetzlichen Krankenversicherung ist darüber hinaus die Wirksamkeit interner Kontrollen (§§ 106, 106a SGB V) zumindest fraglich. Angesichts der bundesweit jährlich mehreren Milliarden an abgerechneten Einzelleistungen und der weiten Auslegungsspielräume, die der EBM und die dazugehörigen Leistungslegenden eröffnen, sind effiziente Kontrollen vielleicht sogar unmöglich[6]. Demgegenüber bestehen gute Aussichten, durch nicht sozialrechtskonforme Abrechnungen erhebliche Gewinne zu erzielen. Hierfür spricht nicht nur der hohe jährliche Gesamtumsatz des Systems der gesetzlichen Krankenversicherung von mehr als 140 Milliarden €, sondern auch die in einer aktuellen empirischen Untersuchung[7] ermittelte durchschnittliche Schadenssumme von ca. 47.000 €

S. 159ff.; *Gray*: The Regulation of Corporate Violations, British Journal of Criminology 46 (2006), S. 875ff.

[4] Z.B. Verwechslungen und Fehlinterpretationen bei der Zuordnung zu einer Gebührenziffer.

[5] Auf diesen Umstand wird insbesondere von Gernot *Steinhilper*, einem vorzüglichen Kenner der Materie, immer wieder hingewiesen, vgl. *Steinhilper*: „„Kriminogene" Normgebung oder mangelnde Kontrolle? Kriminalpolitische Überlegungen zur Eindämmung des ärztlichen Abrechnungsbetruges, in: Feltes/Pfeiffer/Steinhilper (Hrsg.): Schwind-FS 2006, S. 163ff.; *ders.*: Der Vertragsarzt – überreguliert oder noch ungeschützt? – Der Vertragsarzt in seinen rechtlichen Bindungen, GesR 2009, S. 337ff.; *ders.*: Schwierigkeiten bei der Honorarabrechnung von Ärzten – Verlockung zum Abrechnungsbetrug, GesR 2010, S. 398ff.; *ders.*: Honorarreform 2009 – Ziel erreicht durch MGV und RLV? MedR 2009, S. 464ff.

[6] Vgl. zusammenfassend *Steinhilper* 2006 (Fn.: 5), S. 167: „Der Patient kann nicht kontrollieren, welche Leistungen der Vertragsarzt für ihn der Kassenärztlichen Vereinigung in Rechnung stellt. Die ihrerseits kann nicht kontrollieren, welche Leistungen der Vertragsarzt an dem Patienten erbracht hat. Auch die Krankenkasse kann nicht überprüfen, ob die abgerechneten Leistungen in Art und Umfang tatsächlich leistungsgerecht erbracht wurden und medizinisch notwendig waren. ... Daraus wird deutlich, dass der Vertragsarzt z.T. unkontrolliert und unkontrollierbar Art und Umfang diagnostischer und therapeutischer Leistungen am Patienten selbst bestimmen kann; ferner ist auch unkontrolliert und unkontrollierbar, welche Leistungen er abrechnet – unabhängig davon, ob er die Leistungen auch tatsächlich erbracht hat oder nicht".

[7] *Meier/Homann*: Die Verfolgungspraxis der Staatsanwaltschaften und Gerichte bei Vermögensstraftaten im System der gesetzlichen Krankenversicherung, MschrKrim 2009, S. 359ff.

pro tatverdächtigem „Leistungserbringer“[8]. Abrechnungsbetrug kann daher durchaus ein lukratives Zusatzeinkommen darstellen, das nach Auffassung des bekannten Arztes Julius Hackethal sogar überlebensnotwendig ist: „Ein Kassenarzt, der nicht betrügt, macht pleite!“[9].

Das Abrechnungssystem der gesetzlichen Krankenversicherung generiert daher günstige Tatgelegenheiten, die sowohl von Patienten[10], als auch von Vertragsärzten[11] und Krankenhäusern[12] für die Begehung von Straftaten genutzt werden[13]. Ferner leistet es Neutralisierungsstrategien Vorschub, weil sich Ärzte häufig durch die Komplexität des Abrechnungswesens und die „Überregulierung“[14] ihrer ärztlichen Tätigkeit überfordert fühlen und hierfür kein Verständnis aufbringen. Die Glättung der durch die Begehung von Abrechnungsmanipulationen möglicherweise hochschlagenden inneren Wogen durch derartige „Dissonanzreduktionsstrategien“[15] fällt dem Vertragsarzt deshalb besonders leicht, weil für ihn nicht ohne weiteres ersichtlich ist, wer bzw. welche Institution durch seine unrichtigen Abrechnungen einen Schaden erleiden. Im strafrechtswissenschaftlichen Schrifttum besteht weit-

---

[8] Bei den Leistungserbringern handelt es sich nach dem System der gesetzlichen Krankenversicherung um Personen, die gegenüber den Versicherten der Krankenkassen die im SGB V festgelegten Dienst- und Sachleistungen erbringen.

[9] Welt am Sonntag vom 20.10.1997 (Artikel: „Ein Frühlingsbote, der die Provokation liebte. Zum Tode von Prof. Julius Hackethal).

[10] Näher: *Steinhilper* 2010 (Fn.: 5), S. 400 und *ders.* 2006 (Fn.: 5), S. 173f. (zum Missbrauch von Chipkarten).

[11] *Badle*: Betrug und Korruption im Gesundheitswesen. Ein Erfahrungsbericht aus der staatsanwaltschaftlichen Praxis, NJW 2008, S. 1028ff.

[12] Fallbeispiele bei *Schneider*: Getarnte ‚Kopfprämien' – Strafrechtliche Grenzen der Kooperation zwischen niedergelassenen Ärzten und Krankenhäusern, HRRS 2009, S. 484ff.

[13] Eindrucksvolle Fallschilderungen bei *Michels*: Weiße Kittel – dunkle Geschäfte. Im Kampf gegen die Gesundheitsmafia 2009 und *Nestler*: Phänomenologie der Wirtschaftskriminalität im Gesundheitswesen, JZ 2009, S. 984ff.

[14] *Steinhilper* 2010 (Fn.: 5), S. 398.

[15] Im kriminologischen Schrifttum ist weithin unklar, ob es sich bei den von *Sykes&Matza* auf der Grundlage der Arbeiten *Cresseys* (vgl. die in Fn.: 3 zitierten Arbeiten) entdeckten Neutralisierungsstrategien um eine kriminologische Theorie bzw. eine Ergänzung und Modifikation der bestehenden Subkulturtheorien (vgl. die Darstellung der Neutralisierungstechniken im Theorienkapitel in den Lehrbüchern von *Bock*: Kriminologie, 3. Aufl. 2007, Rn. 145f.; Göppinger-*Bock*, Kriminologie, 6. Aufl. 2008, § 10 Rn. 19ff.; *Kunz*: Kriminologie, 4. Aufl. 2004, § 20 Rn. 38), um opferbezogene „Argumentationsmuster“ (*Schwind*: Kriminologie, 20. Aufl. 2010, § 19 Rn. 27) oder eine kognitive Dimension der Tatgelegenheit (*Benson/Simpson* 2009 [Fn.: 1], S. 141ff.) handelt. Nähere Aufklärung über diese noch ungelöste Frage verspricht die noch in der Entstehung begriffene Dissertation meiner wissenschaftlichen Mitarbeiterin Laura *Claassen*: „Neutralisierungsstrategien und kognitive Dissonanz. Ein Beitrag zur Prävention von Wirtschaftskriminalität“. Danach spricht vieles dafür, dass es sich bei den Neutralisierungstechniken um Dissonanzreduktionsstrategien im Sinne der Lehre Leon *Festingers* handelt, vgl. hierzu bereits *Walter*: Wie kann ein Mensch so etwas tun? – Zur Beziehung des Täters zur Tat in wissenschaftlichen Theorien und in lebenspraktischen Zusammenhängen, in: Schwind-FS 2006 (Fn.: 5), S. 1155ff.

gehende Einigkeit darüber, dass als Opfer eines Vertragsarztabrechnungsbetruges weder eine Krankenkasse, noch die Kassenärztliche Vereinigung, sondern im Regelfall[16] das Kollektiv der (hypothetisch) ordnungsgemäß abrechnenden ca. 120.000[17] Vertragsärzte in Betracht kommt[18]. Angesichts der „Honorarreform 2009“ und der Einführung regionaler Gebührenordnungen mit „festen Europreisen“ (§ 87a Ab. 1 SGB V) steht aber auch diese Schadenszuordnung auf dem Prüfstand[19]. Abrechnungsbetrug wird von erfahrenen Praktikern daher zu Recht als „systemimmanente“[20] Erscheinung angesehen, die ohne eine grundlegende Änderung des Abrechnungswesens kaum zu beeinflussen ist.

2. Die Rolle des Strafrechts

Die sogenannte „streng formale Betrachtungsweise“ der Rechtsprechung stellt (neben anderen dogmatischen Argumentationsmustern zur Ausweitung der strafrechtlichen Verantwortlichkeit im Bereich des Abrechnungsbetruges nach § 263 StGB[21]) den Versuch dar, die erforderlichen subtilen rechtlichen Analysen zur Begründung des Vermögensschadens im Dschungel des vertragsärztlichen Abrechnungswesens zu umgehen. Im Bestre-

---

[16] Etwas anderes gilt für die nicht von der Gesamtvergütung erfassten Einzelleistungen, zu denen zum Beispiel bestimmte Präventionsleistungen, Mutterschaftsvorsorge, Impfungen aber auch ambulante Operationen gehören. Da diese Leistungen nach einem vereinbarten festen Pauschalbetrag vergütet werden, ist die Krankenkasse des jeweiligen Patienten unmittelbar geschädigt; näher: *Ellbogen/Wichmann*: Zu Problemen des ärztlichen Abrechnungsbetruges, insbesondere der Schadensberechnung, MedR 2007, S. 10ff., 13.

[17] Kassenärztliche Bundesvereinigung: Grunddaten der vertragsärztlichen Versorgung in Deutschland Stand 31.12.2009 (http://daris.kbv.de/daris/).

[18] *Ulsenheimer*: Arztstrafrecht in der Praxis, 4. Aufl. 2008, S. 543; *Schroth/Joost*: Strafbares Verhalten bei der ärztlichen Abrechnung, in: Roxin/Schroth (Hrsg.): Handbuch des Medizinstrafrechts, 4. Aufl. 2010, S. 195 m.w.N.

[19] Näher: *Freitag*: Ärztlicher und zahnärztlicher Abrechnungsbetrug im deutschen Gesundheitswesen 2009, S. 113ff., 120; *Luig*: Vertragsärztlicher Abrechnungsbetrug und Schadensbestimmung 2009, S. 16.

[20] *Ellbogen*: Die Anzeigepflicht der Kassenärztlichen Vereinigungen nach § 81a IV SGB V und die Voraussetzungen der Strafvereitelung gemäß § 258 I StGB, MedR 2006, S. 457ff., 458; *Freitag* 2009 (Fn.: 19), S. 11; *Ulsenheimer* 2008 (Fn.: 18), S. 530.

[21] Im Bereich des Abrechnungsbetruges sind insoweit zu nennen: Die Ausdehnung des Erklärungsinhaltes im Rahmen der Abrechnung durch die Figur der konkludenten „Miterklärung“ (*Schneider* 2009 [Fn.: 12], S. 487 mit weiteren Nachweisen) sowie die Bejahung des Vorliegens eines Irrtums trotz bestehender Zweifel des Getäuschten (BGH, Urteil vom 05.12.2002 – 3 StR 161/02, NJW 2003, S. 1198 = NStZ 2003, S. 313ff. = GesR 2003, S. 87ff.; ferner *Ellbogen/Wichmann* 2007 [Fn.: 16], S. 12). Hinzu kommt die Problematik der lt. BGH rechtlich zulässigen Schadenshochrechnung, nach der es der richterlichen Aufklärungspflicht gem. § 244 Abs. 2 StPO genügt, den Gesamtschaden „anhand der prozessualen Gewinnmarge“ zu schätzen (BGH, Urteil vom 22.08.2006 – 1 StR 547/05, HRRS 2006, Nr. 772; vgl. ferner *Badle* 2008 [Fn.: 11], S. 1029).

ben nach Vereinfachung und „Reduktion von Komplexität“ verzichtet die Rechtsprechung auf der Grundlage dieser Figur auf die Feststellung, wen bzw. welche Institution der Vertragsarzt in welcher Höhe geschädigt hat und bejaht den Vermögensschaden im Sinne des § 263 StGB bereits dann, wenn die vom Arzt erbrachte Leistung nach dem vertragsärztlichen Gebührenrecht nicht abrechenbar war.

Die Strafrechtspflege stellt sich damit selbst in den Dienst der Krankenkassen, die zunehmend und mit beachtlichem Erfolg ihre monetären Interessen mit dem Schwert des Strafrechts durchsetzen. Die hiermit verbundene Ausweitung und Aufweichung des § 263 StGB ist nicht nur dogmatisch angreifbar, sondern auch rechtspolitisch verfehlt, weil das Strafrecht zur Stabilisierung der normativen Grundlagen des ärztlichen Abrechnungswesens allenfalls dann tauglich ist, wenn seine Grenzen konturenscharf und für den Bürger nachvollziehbar bestimmt werden. Wird das Strafrecht überstrapaziert, beeinträchtigt dies sein wirtschaftspolitisches Steuerungspotential (sog. „Selbstsabotage des Strafrechts“[22]) und es muss zunehmend nach Ventilen suchen, mit denen die Öffnung der Grenzen des materiellen Rechts wieder gedrosselt wird. Vor diesem Hintergrund ist es kaum verwunderlich, dass nach den empirischen Befunden von *Meier/Homann* ca. 33 % der eingeleiteten Ermittlungsverfahren gemäß § 153a StPO eingestellt werden[23]. Ob dieses Freikaufen des Arztes vom strafrechtlichen Verfolgungsrisiko angesichts der für ihn kaum nachvollziehbaren materiell-rechtlichen Ausgangslage aber den intendierten präventiven Wirkungen des Strafrechts förderlich ist, kann bezweifelt werden. Bei näherer Betrachtung der Fallkonstellationen, die unter dem Oberbegriff des Abrechnungsbetruges diskutiert werden, zeigt sich, dass die „streng formale Betrachtungsweise“ in den praxiswichtigen Fällen zudem überflüssig ist. Dies rechtfertigt das vorliegende Plädoyer für die Abkehr von dieser dogmatischen Figur im Bereich des Abrechnungsbetruges.

[22] *Theile*: Wirtschaftskriminalität und Strafverfahren. Systemtheoretische Überlegungen zum Regulierungspotential des Strafrechts 2009, S. 161 (mit Rezension *Schneider*, ZStW 2010, S. 679ff.).

[23] *Meier/Homann* 2009 (Fn.: 7), S. 368.

II. Grundlagen der „streng formalen Betrachtungsweise" im Bereich des Abrechnungsbetruges

1. Die Entwicklung der Rechtsprechung

Die „streng formale Betrachtungsweise" wurde zuerst vom 4. Strafsenat des BGH im Beschluss vom 28.09.1994[24] entwickelt[25]. Ausweislich des zur Entscheidung stehenden Sachverhalts hatte ein als Vertragsarzt zugelassener Radiologe einzelne Untersuchungen von seinem nichtärztlichen Praxispersonal ausführen lassen. Entgegen der ihm bekannten Richtlinie der KV, die für derartige Fälle eine Einzelfallanweisung nach vorheriger Begutachtung des Gesundheitszustandes des Patienten vorschrieb, geschah dies allerdings aufgrund einer Generalanweisung (sog. „Delegationsfall"). Da der angeklagte Radiologe die Leistungen gegenüber der KV ohne Offenlegung der „Generalanweisung" abrechnete, lag nach Rechtsauffassung des BGH eine Täuschung über die Voraussetzungen des Erstattungsanspruchs vor, die einen Vermögensschaden in voller Höhe der dem Angeklagten erstatteten Beträge begründet. Dies beruhe – so die Ansicht des Senats – „auf einer für den Bereich des Sozialversicherungsrechts geltenden streng formalen Betrachtungsweise, nach der eine Leistung insgesamt nicht erstattungsfähig ist, wenn sie in Teilbereichen nicht den gestellten Anforderungen genügt"[26]. Diese Rechtsprechung konnte sich entgegen der nahezu einhelligen Kritik aus dem strafrechtlichen Schrifttum vor allem deshalb durchsetzen, weil die Verfassungsbeschwerde eines anderen Radiologen gegen eine letztinstanzliche Entscheidung in einem vergleichbaren Fall keinen Erfolg hatte[27]. In der knapp gehaltenen Begründung des Nichtannahmebeschlusses der 2. Kammer des Zweiten Senats führt das höchste Gericht insoweit aus, die „streng formale Betrachtungsweise" verstoße nicht gegen Art. 103 Abs. 2 GG, denn der mögliche Wortsinn des § 263 StGB sei „offensichtlich" nicht überschritten.

---

[24] BGH, Beschluss vom 28.09.1994 – 4 StR 280/94, NStZ 1995, S. 85f. mit zustimmender Anm.: *Hellmann*, NStZ 1995, S. 232f.; kritisch: *Gaidzik*: Abrechnung unter Verstoß gegen die Pflicht zur persönlichen Leistungserbringung – Betrug des Arztes gemäß § 263 StGB, wistra 1998, S. 329ff.

[25] Für die sorgfältige Aufarbeitung von Literatur und Rechtsprechung danke ich meinem wissenschaftlichen Mitarbeiter Peter *Gottschaldt*; für fachliche Anregungen im Austausch über die Problematik des leistungsbezogenen Schadenselements meinem Vater VROLG a.D. Wolfgang *Schneider*.

[26] BGH, Beschluss vom 28.09.1994 – 4 StR 280/94, NStZ 1995, S. 85, 86 unter Verweis auf BSG, Urteil vom 06.05.1975 – 6 RKa 22/74, BSGE 39, 288, 290.

[27] BVerfG, Beschluss vom 08.09.1997 – 2 BvR 2414/94, NJW 1998, S. 810.

In der Folgezeit berief sich unter anderem das OLG Koblenz in seinem Beschluss vom 02.03.2000[28] auf die „streng formale Betrachtungsweise" und bejaht einen Vermögensschaden im Sinne des § 263 StGB bei der Beschäftigung von „Scheingesellschaftern". Ein Vertragsarzt hatte einen anderen Arzt im Angestelltenverhältnis entgegen der dafür maßgeblichen Vorschriften (§§ 95 SGB V, 32ff. Ärzte-ZV) beschäftigt. Um einen größeren Gewinn erzielen zu können, wurde dieser nach außen hin jedoch als selbständiger Vertragsarzt im Rahmen einer Gemeinschaftspraxis tätig. Obwohl es sich bei den abgerechneten Leistungen um aus medizinischer Sicht tadellose ärztliche Leistungen handelte, waren diese nach den Grundsätzen des Vertragsarztrechts nicht erstattungsfähig[29]. Wegen des danach gegebenen dringenden Tatverdachts des Abrechnungsbetruges half das OLG der Beschwerde gegen den Haftbefehl des in Untersuchungshaft einsitzenden Vertragsarztes nicht ab.

Der vorläufig letzten Entscheidung des BGH (3. Strafsenat) vom 05.12.2002[30], in der die „streng formale Betrachtungsweise" bemüht wurde, lag die Problematik der sog. „Strohmann-Tätigkeit"[31] zugrunde: Ein selbst nicht als Kassenarzt zugelassener Zahnarzt ließ seine gegenüber Kassenpatienten erbrachten Leistungen von einem zugelassenen Kollegen gegen eine monatliche Zahlung von 6000 DM abrechnen[32]. Auch hier bejahte der BGH das Vorliegen eines Vermögensschadens, da der Angeklagte „ohne kassenärztliche Zulassung nicht berechtigt ist, an der durch die KV erfolgten Verteilung der von den Kassen bezahlten Honorare teilzunehmen". Eine Schadenskompensation infolge ersparter Aufwendungen sei nicht zulässig, weil es sich um einen hypothetischen Sachverhalt handele und offen bleibe, ob ein anderer Arzt die gleiche Behandlungsweise gewählt hätte.

---

[28] OLG Koblenz, Beschluss vom 02.03.2000 – 2 Ws 92-94/00, MedR 2001, S. 144ff.

[29] Der Honoraranspruch des angestellten Arztes scheitert an der fehlenden Freiberuflichkeit und auch dem „Arbeitgeber-Arzt" steht kein Anspruch zu, da es an der gem. § 32b II Ärzte-ZV erforderlichen Genehmigung fehlt (zur Erstattungsfähigkeit von Leistungen, die ärztlichem Berufsrecht zuwiderlaufen, vgl. auch BSG, Urteil vom 28.05.1965 - 6 RKa 1/65, BSGE 23, 97, 103; Urteil vom 18.09.1973 – 6 RKa 14/72, BSGE 36, 155, 156).

[30] BGH, Urteil vom 05.12.2002 – 3 StR 161/02, NJW 2003, S. 1198ff. mit Anm.: *Beckemper/Wegner*, NStZ 2003, S. 315ff.

[31] Näher zu dieser Fallkonstellation: *Herffs*: Ärztlicher Abrechnungsbetrug bei Beschäftigung von Strohpartnern? wistra 2004, S. 281ff.

[32] Hier stellt sich weiterhin die vom Gericht unbeantwortete Frage, inwieweit dem nicht persönlich abrechnenden Angeklagten überhaupt eine täterschaftliche Begehung zum Vorwurf gemacht werden kann; näher: *Beckemper/Wegner* 2003 (Fn.: 30), S. 316f.

2. Die grundlegende Schwäche der „streng formalen Betrachtungsweise“

Die drei Fallbeispiele[33] haben gemeinsam, dass aus wirtschaftlicher Sicht Niemandem ein Schaden entstanden ist. Denn im Rahmen der für die Schadensfeststellung erforderlichen „Gesamtsaldierung“[34] ist die jeweils lege artis erbrachte Gegenleistung zu berücksichtigen, die dem System der gesetzlichen Krankenversicherung in Gestalt der Befreiung von einer Verbindlichkeit zufließt[35]. Während der Patient vor der Behandlung einen entsprechenden Anspruch gegen seine Krankenkasse auf die erforderlichen medizinischen Sach- und Dienstleistungen hat (§§ 2, 23 Abs. 1, 27 SGB V), ist dieser nach der fachgerecht erbrachten Leistung erloschen. Für das Entfallen dieses Anspruchs des Patienten ist es ohne Bedeutung, ob für die Delegation der jeweiligen Leistung an das nichtärztliche Personal eine Einzel- oder eine Generalanweisung vorlag, ob sie durch einen selbständigen oder einen angestellten Arzt oder durch einen nicht für die vertragsärztliche Versorgung zugelassenen Arzt ausgeführt wurde. Denn in jedem Fall der medizinisch lege artis ausgeführten Leistungserbringung ist es nicht mehr erforderlich, dieselbe medizinische Leistung nochmals durch einen ordnungsgemäß abrechnenden Vertragsarzt vornehmen zu lassen. Das Nachholen der schon durch den nicht ordnungsgemäß abrechnenden Vertragsarzt erbrachten Leistung wird von der Krankenkasse nicht geschuldet, weil sie als Krankenbehandlung im Sinne der §§ 23, 27 SGB V nicht notwendig ist und sich der Leistungsanspruch des Versicherten gegenüber seiner Versicherung auf die Versorgung mit notwendigen Leistungen beschränkt.

Dass eine den Verlust aus der Vergütung der Behandlungsleistung kompensierende Vermögensmehrung nicht bei demjenigen eintritt[36], aus dessen

---

[33] Zu weiteren denkbaren Fallkonstellationen, die allerdings bisher noch nicht im Fokus der Rechtsprechung standen, vgl. *Luig* 2009 (Fn.: 19), S. 30ff. m. w. N.

[34] Zum Prinzip der Gesamtsaldierung vgl. Schönke/Schröder-*Cramer/Perron*, 28. Aufl. 2010, § 263 Rn. 106ff.; NK-*Duttge*, Gesamtes Strafrecht, 1. Aufl. 2008, § 263 Rn. 56f.; *Fischer*: Strafgesetzbuch, 57. Aufl. 2010, § 263 Rn. 111f.; MünchKommStGB-*Hefendehl*, 1. Aufl. 2006, § 263 Rn. 442ff.; Lackner/*Kühl*: Strafgesetzbuch, 26. Aufl. 2007, § 263 Rn. 36f.

[35] Ebenso: *Gaidzik* 1998 (Fn.: 24), S. 331f.; *Wessing/Dann*: Scheinselbstständigkeit als Strafbarkeitsrisiko für Vertragsärzte – zugleich Anmerkung zu LG Lübeck, Beschluss vom 25.08.2005 – 6 KLs 22/04, GesR 2006, S. 150ff., 153: „Ist an der Leistung fachlich nichts auszusetzen, wird die Krankenkasse auch dann von ihrer Verpflichtung gegenüber dem Versicherten frei, wenn die Behandlung in den Händen eines Arztes lag, der in seiner wirtschaftlichen Bewegungsfähigkeit eingeschränkt war“; *Stein*: Betrug durch vertragsärztliche Tätigkeit in unzulässigem Beschäftigungsverhältnis? Zugleich eine Besprechung des Beschlusses des OLG Koblenz vom 02.03.2000 – 2 Ws 92-94/00, MedR 2001, S. 124ff.; einschränkend: *Herffs* (Fn.: 31), S. 286; ablehnend: *Beckemper/Wegner* 2003 (Fn.: 30), S. 316.

[36] Die Vermögensmehrung tritt bei der Krankenkasse ein, denn der Anspruch des Versicherten auf ärztliche Behandlung ist erloschen.

Vermögen die Behandlung vergütet wird[37], steht dem nicht entgegen. Es handelt sich vielmehr um eine Folge der dem System innewohnenden Entkoppelung der Leistungs- und Vergütungsebene. Hat der Arzt nach den sozialversicherungsrechtlichen Bestimmungen keinen Anspruch auf die Leistung, die ihm von der KV aufgrund seiner Quartalsabrechnung überwiesen wird, ist dies für das System daher sogar von Vorteil. Denn obwohl der Arzt nicht vergütet wird oder die Vergütung zurückverlangt werden kann, ist der Behandlungsanspruch des Patienten erloschen. Allein diese Betrachtung zeigt deutlich, dass unter Berücksichtigung der für die Schadensfeststellung im Sinne des § 263 StGB maßgeblichen ökonomischen Gesichtspunkte kein Vermögensnachteil entstanden ist.

3. Die „streng formale Betrachtungsweise“ auf dem Prüfstand der Gesetzeshermeneutik

Die vom Bundesgerichtshof nicht näher begründete „streng formale Betrachtungsweise“ widerspricht aber nicht nur den ökonomischen Grundlagen des Schadensbegriffs des § 263 StGB, sondern sie erweist sich auch auf dem Prüfstand der Gesetzeshermeneutik als dogmatisch unhaltbar.

Aus dem Wortlaut des § 263 StGB ergibt sich zunächst unmissverständlich, dass zwischen den objektiven Tatbestandsmerkmalen der Vorspiegelung falscher oder der Entstellung oder Unterdrückung wahrer Tatsachen einerseits und der Schädigung des Vermögens andererseits unterschieden werden muss. Aufgrund der „streng formalen Betrachtungsweise“ wird aber aus dem Vorliegen einer ausdrücklichen oder konkludenten Täuschung über das Vorliegen der sozialrechtlichen Abrechnungsvoraussetzungen einer ärztlichen Leistung unmittelbar auf den Schaden geschlossen. Denn der Schaden soll immer dann vorliegen, wenn über die sozialrechtlichen Abrechnungsvoraussetzungen getäuscht wurde. Die Feststellung des Schadens beruht daher nicht mehr auf der gebotenen separaten Subsumtion eines festgestellten Lebenssachverhalts unter den ausgelegten Rechtsbegriff, sondern sie folgt einem Automatismus, der durch das rhetorische Stilmittel der „Neubildung“[38] in Gestalt des inhaltsleeren Terminus „streng formale Betrachtungsweise“ lediglich verschleiert wird.

Da die monetären Auswirkungen der Täuschung in den sich auf die „streng formale Betrachtungsweise“ berufenden Entscheidungen der Gerichte in den Urteilsbegründungen außer Betracht bleiben und auch jegli-

---

[37] Es handelt sich um das Vermögen der ordnungsgemäß abrechnenden Ärzte, das von der KV bis zur Verteilung an die Vertragsärzte (§ 85 Abs. 4 SGB V) treuhänderisch verwaltet wird.

[38] *Brinktrine/Schneider*: Juristische Schlüsselqualifikationen 2008, S. 24.

che Konkretisierung fehlt, wen der Täter geschädigt haben soll, wird der Betrugstatbestand im Ergebnis im Sinne eines rechtsdogmatischen Atavismus als Delikt interpretiert, in dessen Mittelpunkt ein „Recht auf Wahrheit steht"[39]. Der Arzt wird bestraft, weil er gegenüber der KV unzutreffende oder unvollständige Angaben gemacht hat und nicht, weil er durch diese Tathandlung eine Vermögensschädigung verursacht.

Dass diese Konzeption überholt ist, zeigt die Entstehungsgeschichte des Betrugstatbestandes vom römisch-rechtlichen „falsum" bzw. der mittelalterlichen „velscherey" bis zu seiner heutigen Fassung seit dem RStGB von 1871 als reinem Vermögensdelikt. Die Interpretation des abgesehen von der geänderten Schreibweise der Worte Vermögensvort(h)eil, T(h)atsache und Irrt(h)um bis heute unverändert gebliebenen Straftatbestands des Betruges in der Rechtsprechung des Reichsgerichts ließ keinen Zweifel daran aufkommen, dass § 263 StGB ausschließlich dem Schutz des Vermögens dient[40]. Diese noch heute von der Rechtsprechung[41] und der herrschenden Lehre[42] vertretene Auffassung wird missachtet, wenn das Wesen des Abrechnungsbetruges auf der Grundlage der „streng formalen Betrachtungsweise" in der Verletzung sozialrechtlicher Bestimmungen erblickt wird. Zu Recht wird daher von Teilen des strafrechtlichen Schrifttums[43] hervorgehoben, der BGH führe „praeter und contra legem" den „Sozialversicherungsbetrug als Straftatbestand" zum Schutz der Leistungsfähigkeit des Systems der gesetzlichen Krankenversicherung ein.

Der BGH verlässt daher mit der „streng formalen Betrachtungsweise" seine eigene dogmatische Grundposition, nach der das von § 263 StGB geschützte Rechtsgut ausschließlich das Vermögen darstellt. Er entwickelt einen Standpunkt, der weder durch Auslegung nach dem Wortlaut, noch durch die historische oder teleologische Auslegung des § 263 StGB zu rechtfertigen ist.

---

[39] Zur rechtshistorischen Entwicklung des Betrugsstraftatbestands vgl. *Grau*: Sozialadäquate Geschäftstüchtigkeit oder strafbarer Betrug? 2008, S. 43ff.

[40] RG, Urteil vom 09.04.1940 – 1 D 161/40, RGSt 74, 167, 168f.: „Wie schon die Fassung des § 263 StGB ergibt, ist er eine Strafbestimmung, die dem Schutze des Vermögens dient. ... Durch das Tatbestandsmerkmal der Täuschung soll also nur das Mittel bezeichnet werden, mit dem der Täter gegen das geschützte Rechtsgut, das Vermögen eines anderen, vorgeht; nicht aber soll damit eine weitere Richtung des Schutzes bezeichnet werden".

[41] BGH, Urteil vom 10.07.1952 – 5 StR 358/52, BGHSt 3, 99, 102; Urteil vom 18.01.1955 – 2 StR 284/54, BGHSt 7, 197, 198; Beschluss vom 16.08.1961 – 4 StR 166/61, BGHSt 16, 321, 325; Urteil vom 21.11.1961 – 1 StR 424/61, BGHSt 16, 367, 372.

[42] Schönke/Schröder-*Cramer/Perron* 2010 (Fn.: 34), § 263 Rn. 1/2; NK-*Duttge* 2008 (Fn.: 34), § 263 Rn. 2; *Fischer* 2010 (Fn.: 34), § 263 Rn. 3; MünchKommStGB-*Hefendehl* 2006 (Fn.: 34), § 263 Rn. 1ff.; Lackner/*Kühl* 2007 (Fn.: 34), § 263 Rn. 2.

[43] *Volk*: Zum Schaden beim Abrechnungsbetrug, NJW 2000, S. 3385ff.; zustimmend *Ulsenheimer* 2008 (Fn.: 18), S. 552ff.

III. Die „Saldierungslehre" als Ausgangspunkt der Schadensfeststellung

Auch in den Fallgruppen des Abrechnungsbetruges muss daher die „Saldierungslehre" den Ausgangspunkt der Schadensfeststellung bilden. Ist die Krankenkasse vom Anspruch des Patienten auf ärztliche Versorgung befreit worden, kommt ein Schaden aufgrund des die Vermögensverfügung der KV kompensierenden Zuwachses im Vermögen der Krankenkasse des Patienten nicht in Betracht.

Ob eine derartige Kompensation des Vermögensverlustes vorliegt, ist allerdings in den Fällen fraglich, in denen nachweislich ein „leistungsbezogenes Schadenselement"[44] betroffen ist. Mit dem von *Volk* in die Diskussion um den Vertragsarztabrechnungsbetrug eingeführten Begriff des „leistungsbezogenen Schadenselements" wird der Sache nach auf die Grundlagen der Schadensermittlung beim so genannten „Anstellungsbetrug"[45] zurückgegriffen. Bemisst sich der Wert einer Arbeitsleistung auch am Vorliegen einer bestimmten Ausbildung und Qualifikation, kann sich danach ein den Arbeitgeber über das Vorliegen der Qualifikation täuschender Arbeitnehmer auch dann wegen Betruges strafbar machen, wenn er fachlich in der Lage ist, die arbeitsvertraglich geschuldete Leistung zu erbringen. Analog soll nach *Volk* ein Schaden beim Abrechnungsbetrug dann vorliegen, wenn der „Abrechnungsfehler leistungsbezogen"[46] ist. Denn soweit „die Qualifikation dessen, der die Leistung erbringt, zu den wertbildenden Faktoren" gehöre, sei eine Leistung, die von einem nicht Qualifizierten ausgeführt werde, minderwertig, so dass schon nach den „allgemeinen Regeln zum Betrug" ein Schaden vorliege[47]. Auf der Grundlage dieses Standpunktes bejaht *Volk* einen Vermögensschaden in den „Delegationsfällen", weil bei der Leistungserbringung durch das Praxispersonal eine minderwertige Leistung vorliege. Bei „Scheingesellschaftern" sei hingegen kein Leistungsbezug erkennbar. Folglich liege kein Schaden vor. Welche Konsequenzen sich bei der Abrechnung in den „Strohmannfällen" ergeben, lässt *Volk* offen, weil die maßgebliche Entscheidung des 3. Senats des BGH aus dem Jahr 2002 zum Zeitpunkt seiner Publikation noch nicht vorlag und diese Fallgruppe auch im Schrifttum noch nicht diskutiert wurde. Der BGH, der *Volk* in seiner Ent-

[44] Grundlegend: *Volk* 2000 (Fn.: 43), S. 3388; zustimmend *Ulsenheimer* 2008 (Fn.: 18), S. 552ff.

[45] Zur Fallgruppe des „Anstellungsbetruges" vgl. Schönke/Schröder-*Cramer/Perron* 2010 (Fn.: 34), § 263 Rn. 153ff.; NK-*Duttge* 2008 (Fn.: 34), § 263 Rn. 58; MünchKommStGB-*Hefendehl* 2006 (Fn.: 34), § 263 Rn. 512ff.; Lackner/*Kühl* 2007 (Fn.: 34), § 263 Rn. 52.

[46] *Volk* 2000 (Fn.: 43), S. 3387.

[47] *Volk* 2000 (Fn.: 43), S. 3387.

scheidung konzediert, der Schaden möge bei der Leistungsabrechnung über „Scheingesellschafter“ tatsächlich zweifelhaft sein, sieht allerdings keinen Anlass, in den „Strohmannfällen“ von der „streng formalen Betrachtungsweise“ abzurücken. Der Schaden sei auch auf der Grundlage der Position *Volks* zu bejahen, weil der Angeklagte, dem die vertragsärztliche Zulassung fehle, „nicht zum Kreis der Anspruchsberechtigten“ gehöre[48].

Dem Standpunkt *Volks* ist im Grundsatz zuzustimmen. Soweit der Verkehr den Wirtschaftswert einer Leistung nicht nur nach ihrem Resultat, sondern auch nach der Qualifikation des Leistenden bemisst, kann auch auf der Grundlage der Saldierungslehre ein Schaden bestehen. Allerdings wird der „leistungsbezogenen“ Schadensfeststellung bei medizinisch-fachlich einwandfreien Leistungen enge Grenzen zu ziehen sein. Denn der entscheidende wirtschaftliche Ausgangspunkt besteht auch in der Frage, ob die Krankenkasse des Patienten von dessen Behandlungsanspruch befreit wurde. Hieran fehlt es, wenn das Behandlungsresultat aufgrund der mangelnden Qualifikation des Leistenden unsicher ist und ärztliche Untersuchungen zum Ausschluss einer Gefährdung nachgeholt werden müssen. Deshalb liegt ein Vermögensschaden vor, wenn die Zulassung als Vertragsarzt aufgrund der Vorlage einer erschlichenen Approbation erteilt wurde („Hochstaplerfälle“) oder die geführte Facharztbezeichnung in Wahrheit nicht vorliegt. Ebenso liegt ein Schaden vor, wenn die Leistung durch einen Vertragsarzt in dessen Praxis durchgeführt, vom Krankenhaus aber als Krankenhausleistung abgerechnet wurde. Denn insoweit wird auf der Grundlage der DRG-Fallpauschale nicht nur die lege artis durchgeführte ärztliche Leistung, sondern auch die Infrastruktur des Krankenhauses, mithin der Umstand vergütet, dass medizinische Leistungen Tag und Nacht verfügbar sind[49]. War die Behandlung durch den niedergelassenen Vertragsarzt ausreichend, bestand schon kein Anspruch auf Krankenhausbehandlung, so dass auch keine diesbezügliche Befreiung der Kasse eingetreten ist.

Kein „leistungsbezogenes Schadenselement“ ist hingegen betroffen, wenn der Arzt keine Zulassung hat, weil er aufgrund von Vorstrafen fürchtet, die Zulassung nicht zu erhalten (vgl. § 95 SGB V in Verbindung mit § 18 Abs. 2 b ÄrzteZVO) und er seine Leistungen an Kassenpatienten deshalb über einen Strohmann abrechnet (Fall des BGH vom 05.12.2002). Denn die Vorstrafe betrifft unter Umständen die persönliche Zuverlässigkeit, die für die Teilnahme an der vertragsärztlichen Versorgung maßgebend sein kann, nicht aber die fachlich-medizinische Leistung. In den „Scheingesellschaf-

[48] BGH, Urteil vom 05.12.2002 – 3 StR 161/02, NJW 2003, S. 1200.
[49] Näher: *Schneider* 2009 (Fn.: 12), S. 488.

terfällen“ ist ebenfalls kein leistungsbezogenes Schadenselement betroffen. Denn für das Entfallen des Behandlungsanspruchs des Patienten gegen die Kasse ist unerheblich, ob die ärztliche Leistung von einem selbständigen oder einem angestellten Arzt erbracht wurde. Diesen Standpunkt hat sich nunmehr auch das Landgericht Lübeck in seinem rechtskräftigen Nichteröffnungsbeschluss vom 07.06.2005[50] zu eigen gemacht. Zwar gelte „grundsätzlich für den Bereich des Sozialversicherungsrechts“ die „streng formale Betrachtungsweise“. Doch dürfe „nicht übersehen werden, dass ein objektiver Betrugsschaden trotzdem nicht eintritt, wenn die Krankenkassen durch die Leistung der Laborärzte von Ansprüchen der bei ihnen Versicherten befreit worden sind“[51].

Bei der Ausführung von Leistungen durch Praxispersonal, die als ärztliche Leistungen abgerechnet werden, ist (entgegen *Volk*) wie folgt zu differenzieren. Der Behandlungsanspruch des Patienten ist erloschen, wenn die Leistung fachlich einwandfrei durchgeführt wurde und sie nicht nachgeholt werden muss. So liegt es zum Beispiel bei den intravenösen Injektionen, Infusionen und Blutentnahmen, die der Entscheidung des 4. Senats aus dem Jahr 1994 im „Delegationsfall“ zugrunde lagen. Dasselbe gilt z.B. für Röntgenaufnahmen, soweit die entstandenen Bilder für den Arzt verwertbar sind und nicht nachgeholt werden müssen. Ein Schaden liegt hingegen vor, wenn eine diagnostische Maßnahme durch Praxispersonal erbracht wurde und eine ärztliche Behandlung zur Absicherung des Befundes und zum Ausschluss einer Gefährdung des Patienten nachgeholt werden muss.

IV. Fazit

In den drei vom BGH bzw. vom OLG Koblenz entschiedenen Fallkonstellationen liegt daher kein Betrug vor. Die Ärzte sind zu Unrecht verurteilt bzw. inhaftiert (!) worden. Mit der gebotenen Abkehr von der „streng formalen Betrachtungsweise“ und der Rückkehr zur „Saldierungslehre“ wird der Anwendungsbereich des Tatbestands des Betruges auf die Fallkonstellationen begrenzt, in denen nachweislich ein Schaden entstanden ist. Bei wem bzw. bei welcher Institution der Schaden eintritt, ob bei dem Kollektiv der hypothetisch ordnungsgemäß abrechnenden Vertragsärzte oder bei der Krankenkasse, hängt von der jeweils erbrachten Leistung ab und ist im Einzelfall festzustellen.

---

[50] LG Lübeck, Beschluss vom 25.08.2005 – 6 KLs 22/04, GesR 2006, S. 176ff.
[51] Vgl. zum Beschluss des LG Lübeck: *Wessing/Dann* 2006 (Fn.: 35), S. 153.

Gemäß § 263 StGB tatbestandsmäßig bleiben auch auf der Grundlage des hier vertretenen Standpunktes zum Beispiel Fälle der Abrechnung angeblicher Leistungen an verstorbenen Patienten, die Abrechnung nicht oder nicht vollständig erbrachter Leistungen an lebenden Patienten bzw. die zur Erzielung von Vermögensvorteilen falsch klassifizierten, hochstilisierten oder umdatierten und hierdurch „gesplitteten" Leistungen[52]. Hier liegt der Schwerpunkt der entsprechenden medizinstrafrechtlichen Ermittlungsverfahren[53] und es handelt sich um Sachverhalte, bei denen es auch für die tatverdächtigen Ärzte auf der Hand liegt, dass die Manipulationen strafrechtliche Relevanz aufweisen.

Mit der hiernach gebotenen Abkehr von der „streng formalen Betrachtungsweise" behält das Strafrecht den Charakter als „ultima ratio" der Sozialkontrolle. Es ist konturenscharf und berechenbar und trägt – wie die einleitenden wirtschaftskriminologischen Bemerkungen verdeutlichen – zur Stabilisierung und nicht zur Destabilisierung des Systems der gesetzlichen Krankenversicherung bei.

[52] Vgl. hierzu das Fallbeispiel bei *Badle* 2008 (Fn. 11), S. 1032 (Durchführung einer Magnetresonanztherapie).

[53] *Badle* 2008 (Fn.: 11), S. 1032.

Verfassungsrechtliche Korrekturen – Einheit der Rechtsordnung?

Winfried Kluth

I. Verfassungsrecht und Strafe – die Eckpunkte

Der staatliche Strafanspruch gehört seit der Begründung des modernen Territorialstaates als friedenswahrende Alternative zum Personenverbandsstaat zu den Kernelementen des staatlichen Gewaltmonopols.[1] Durch ihn wird in einem ersten Schritt Privatpersonen das Recht der Vergeltung[2] durch die Anwendung von Gewalt entzogen und damit das Zusammenleben durch den Zwang zur Einschaltung staatlicher[3] Gerichte oder anderer mit Strafgewalt ausgestatteter Instanzen[4] befriedet.[5] Zugleich wird der Staat aber auch verpflichtet, eine wirksame Strafverfolgung und Strafrechtspflege einzurichten. Diese ist aus objektiv-rechtlicher Perspektive Ausdruck der Gesetzesbindung sowie der wirksamen Durchsetzung der Rechtsordnung und zugleich aus subjektiv-rechtlicher Perspektive Ausdruck des grundrechtlichen Schutzanspruchs, der gewissermaßen die Gegenleistung für den privaten Gewaltverzicht darstellt.[6]

Im Rahmen der legitimen Ausübung staatlicher Strafgewalt stellt als zweiter bedeutsamer verfassungsrechtlich begründeter Grundsatz der Schuldgrundsatz eine weitere Schranke dar.[7] Abgeleitet aus der verfassungsrechtlichen Garantie der Menschenwürde durch Art. 1 Abs. 1 GG, dem allgemeinen Persönlichkeitsrechts aus Art. 2 Abs. 1 i. V. m. Art. 1 Abs. 1 GG

---

[1] Dazu vertiefend *Götz*, Innere Sicherheit, in: Isensee/Kirchhof (Hrsg.), Handbuch des Staatsrechts, Bd. IV, 3. Aufl. 2006, § 85, Rn. 18 ff.; *Möstl*, Die staatlicher Garantie für die öffentliche Sicherheit und Ordnung, 2002, S. 290 ff.; *Randelzhofer*, Staatsgewalt und Souveränität, in: Isensee/Kirchhof (Hrsg.), Handbuch des Staatsrechts, Bd. II, 3. Aufl. 2004, § 17, Rn. 35 ff.

[2] Zu den einzelnen Strafzwecken und ihrer verfassungsrechtlichen Bewertung siehe im Überblick *Appel*, Verfassung und Strafe, 1998, S. 213 ff.

[3] Dazu gehört auch die Berufsgerichtsbarkeit der Heilberufe. Siehe näher *Ruffert*, in: Kluth (Hrsg.), Handbuch des Kammerrechts, 2. Aufl. 2011, § 10, Rn. 8 ff.

[4] Zur Verbandsstrafgewalt und ihren Grenzen siehe näher *Reuter*, in: MüKo BGB, 5. Aufl. 2006, § 25, Rn. 34 ff.

[5] Zur verfassungsrechtlichen Begründung von Gewaltmonopol und Schutzpflicht unter dem Grundgesetz siehe *Götz*, (Fn. 1), § 85, Rn. 21 ff.

[6] *Krings*, Grund und Grenzen grundrechtlicher Schutzansprüche, 2003, 26 ff.

[7] BVerfGE 6, 389 (439); 25, 269 (285 f.); 80, 244 (255) – st. Rspr.; *Appel*, (Fn. 2), S. 109 ff.

sowie dem Rechtsstaatsprinzip[8] geht es bei diesem Prinzip darum, den Einzelnen nur für ein Verhalten zur Rechenschaft zu ziehen, das ihm als einem freien und verantwortlichen Subjekt[9] vorgeworfen werden kann. Wo dies nicht möglich ist, geht auch der Strafanspruch ins Leere, jedenfalls soweit mit der Strafe an die Verantwortung für ein zu verantwortendes Verhalten angeknüpft wird und eine Verhaltensänderung bezweckt ist.

Während die bislang angeführten Grundsätze im Grundgesetz nicht normtextlich explizit verankert sind, sondern nur aus Verfassungsprinzipien abgeleitet werden können, wurden zwei weitere, den staatlichen Strafanspruch disziplinierende Regelungen, ausdrücklich verankert. Dies betrifft erstens den im vorliegenden Zusammenhang bedeutsamen Grundsatz „nulla poene sine lege" des Art. 103 Abs. 2 GG, also das Erfordernis eines ausreichend bestimmten Straftatbestandes im Zeitpunkt der Tat.[10] Zweitens handelt es sich um das in Art. 103 Abs. 3 GG verankerte Verbot der Doppel- oder Mehrfachbestrafung – „ne bis in idem" –,[11] das im vorliegenden Zusammenhang insoweit eine Rolle spielt, als es um das Verhältnis zwischen dem allgemeinen Strafrecht und den berufsrechtlichen Sanktionen geht.[12]

Schließlich wird aus dem Verfassungsrecht der sog. „Ultima-Ratio-Charakter" des Strafrechts abgeleitet[13], wobei seine genaue verfassungsrechtliche Begründung meist offen bleibt und in erster Linie wohl dem Grundsatz der Verhältnismäßigkeit zugeordnet werden kann. Ultima Ratio soll das Strafrecht insoweit sein, als der Staat dieses schärfste Sanktionsmittel nach Rechtsverletzungen durch den Einzelnen nur dann nutzen soll, wenn andere, mildere Sanktionen nicht ausreichen. In der Rechtsprechung des Bundesverfassungsgerichts wird dieser Grundsatz aber nur plakativ verwendet, ohne dass genauere Kriterien seiner Anwendung erkennbar sind.[14] Deshalb handelt es sich dabei nicht um ein anwendbares verfassungsrechtliches Prinzip, sondern lediglich um einen Gedanken mit Orientierungsfunktion.

---

[8] BVerfGE 6, 389 (439); *Appel*, (Fn. 2), S. 109 m. w. N.

[9] Zur in diesem Zusammenhang geführten Debatte über die Freiheit des Menschen siehe näher *Gutmann*, Freiwilligkeit als Rechtsbegriff, 2001.

[10] Zu Einzelheiten seiner Interpretation *Appel*, (Fn. 2), S. 116 ff., 528 ff.

[11] Zum genauen Regelungsgehalt *Appel*, (Fn. 2), S. 132 ff., 530 ff.

[12] Grundlegend: BVerfGE 21, 329 ff.; 21, 378 ff.; 27, 180 ff. – st. Rspr. Vertiefend: *Reiermann*, Der berufsrechtliche Überhang, 2011, S. 85 ff.

[13] Exemplarisch BVerfGE 39, 1 (47).

[14] Siehe auch *Appel*, (Fn. 2), S. 404 ff., 539 ff.

II. Anforderungen des Verfassungsrecht an einzelne Strafnormen

1. Vorbehalt des Gesetzes und Gesetzgebungskompetenz

Der aus den Grundrechten und dem Demokratieprinzip ableitbare Vorbehalt des Gesetzes[15] wird durch Art. 103 Abs. 2 GG zu einem formellen Parlamentsvorbehalt verdichtet.[16] Es müssen die Strafbarkeit eines Verhaltens und die Art der Strafen grundsätzlich in einem parlamentarischen Gesetz geregelt sein.[17] Aussagen darüber, welches Verhalten für strafbar erklärt werden soll oder darf, lassen sich dieser Norm nicht entnehmen.[18]

Mit dem Parlamentsvorbehalt wird ein doppelter Zweck verfolgt: Einerseits soll sichergestellt werden, dass der Normadressat erkennen kann, welche Verhaltensweisen unter Strafe gestellt sind (dazu näher unter 2.); andererseits soll diese Entscheidung dem demokratisch legitimierten und öffentlich verhandelnden[19] Parlament vorbehalten und nicht in die Hand der Exekutive gegeben werden.

Voraussetzung parlamentarischer Rechtsetzung ist das Vorliegen einer Gesetzgebungskompetenz. Insoweit ist auf die Kompetenzverteilung nach den Art. 71 ff. GG Bezug zu nehmen. Danach steht dem Bund nach Art. 73 Abs. 1 Nr. 1 GG die Gesetzgebungsbefugnis für das Strafrecht zu. Diese schließt den Erlass von Strafnormen durch die Landesgesetzgeber aus.[20] Angesichts der Zuständigkeit der Landesgesetzgeber für die ärztliche Berufsausübung[21] hat dies zur Folge, dass Verstöße in diesem Bereich nur durch Bundesrecht strafrechtlich sanktioniert werden können. Dabei kommen zudem nur allgemein gefasste Straftatbestände in Betracht, da der Bundesgesetzgeber in seinen Straftatbeständen grundsätzlich nicht auf landesrechtliche Verhaltenspflichten explizit Bezug nimmt.

---

[15] Zu seiner Begründung und Reichweite *Krebs*, Vorbehalt des Gesetzes und Grundrechte, 1975.

[16] BVerfGE 75, 329 (342).

[17] *Schulze-Fielitz*, in: Dreier (Hrsg.), Grundgesetz Kommentar, Bd. 3, 2. Aufl. 2008, Art. 103 II, Rn. 28.

[18] BVerfG (K), NJW 1994, 2412 f.

[19] Siehe Art. 42 Abs. 2 GG.

[20] *Stettner*, in: Dreier (Hrsg.), Grundgesetz Kommentar, Bd. 2, 2. Aufl. 2006, Art. 74, Rn. 21.

[21] Art. 74 Abs. 1 Nr. 19 GG beschränkt die Gesetzgebungskompetenz des Bundes auf die Berufszulassung. Allerdings hat der Bund auch über seine Gesetzgebungskompetenz für das Sozialversicherungsrecht nach Art. 74 Abs. 1 Nr. 12 GG Zugriff auf die vertragsärztliche Berufsausübung.

2. Anforderungen an Bestimmtheit und Vorhersehbarkeit

Den Kern des Art. 103 Abs. 2 GG bildet neben dem formellen Parlamentsvorbehalt das Bestimmtheitserfordernis, das wie auch sonst aus dem Blickwinkel des Normadressaten zu konkretisieren ist und deshalb auf die Vorhersehbarkeit abstellt.[22] Der Bürger muss durch Kenntnisnahme von der Norm erkennen können, welche Verhaltensweisen ihm untersagt bzw. mit einer Strafsanktion versehen sind.[23]

Diese Anforderungen werden von Rechtsprechung und Lehre jedoch nicht allzu eng verstanden. Insbesondere wird nicht verlangt, dass im Straftatbestand ausdrücklich alle Einzelheiten des bestraften Verhaltens aufgeführt werden. Vielmehr sind auch sog. Blankettstrafgesetze zulässig, die zur Konkretisierung des Straftatbestandes auf andere Normen und Rechtsakte – auch Verwaltungsakte – verweisen.[24] Keine Verweisung im Sinne eines Blankettstrafgesetzes liegt jedoch vor, wenn die Strafbarkeit an rechtliche Wertungen in anderen Gesetzen anknüpft, also z.B. an den Begriff des Eigentums nach dem BGB.[25]

Dass Strafgesetze an rechtliche Wertungen anderer Rechtsgebiete und -normen anknüpfen entspricht der Funktion des Strafrechts, Rechtverletzungen zu sanktionieren.[26] Es handelt sich insoweit um einen Normalbefund, der im Alltag der Strafgerichte zur Folge hat, dass sie sich mit der Auslegung nahezu der gesamten übrigen Rechtsordnung[27] befassen müssen, soweit deren Wertungen für die Bestimmung der Strafbarkeit relevant ist. Besonders deutlich wird dies im Umweltstrafrecht, dessen Tatbestände explizit auf die Umweltgesetze Bezug nehmen.[28]

Problematisch ist die Bestimmtheit von Strafgesetzen immer dann, wenn in den Straftatbestand Merkmale integriert werden, die in hohem Maße Raum für Interpretation und Wertungen lassen. Neben dem Nötigungstatbestand des § 240 StGB[29] ist vor diesem Hintergrund vor allem der Untreue-

---

[22] *Appel*, (Fn. 2), S. 118 ff.; *Schulze-Fielitz*, (Fn. 17), Art. 103 II, Rn. 38 f.

[23] BVerfGE 75, 329 (345).

[24] *Schulze-Fielitz*, (Fn. 17), Art. 103 II, Rn. 31.

[25] Dazu BVerfGE 78, 205 (213).

[26] Vertiefend zum Verhältnis von primärer Verhaltensnorm und sekundärer Strafrechtsnorm *Appel*, (Fn. 2), S. 447 ff.

[27] Vergleichbares gilt für das Deliktrechts (§ 823 Abs. 2 BGB mit der Bezugnahme auf die anderweitigen Schutznormen) und das Amtshaftungsrecht (Bezugnahme auf die Amtspflichtverletzung).

[28] Zur Verwaltungsrechtsakzessorietät des Umweltstrafrechts siehe näher *Michalke*, Verwaltungsrecht im Umweltstrafrecht, 2001.

[29] Dazu BVerfGE 73, 206 ff.; 92, 1 ff.

tatbestand des § 266 StGB seit jeher[30] umstritten. Da ihm für die wirtschaftsstrafrechtliche Verantwortlichkeit von Ärzten neben dem Betrugstatbestand des § 263 BGB[31] die größte praktische Bedeutung zukommt, ist darauf auch an dieser Stelle näher einzugehen.

Das Reichsgericht sprach im Zusammenhang mit der Untreue von einer „Rahmenvorschrift", bei welcher „der Gesetzgeber ... darauf hat verzichten wollen, die Rechtsprechung an starre Begriffe zu binden", und die der Richter „nach seinem vernünftigen Ermessen" auszufüllen habe.[32] Bereits daran wird deutlich, dass an die Handhabung der Norm durch die Gerichte besondere Anforderungen zu stellen sind.

Nach der Rechtsprechung des Bundesverfassungsgerichts ist der Gesetzgeber und nicht der Richter zur Entscheidung über die Strafbarkeit berufen.[33] Der Gesetzgeber hat zu entscheiden, ob und in welchem Umfang er ein bestimmtes Rechtsgut, dessen Schutz ihm wesentlich und notwendig erscheint, gerade mit den Mitteln des Strafrechts verteidigen will. Den Gerichten ist es verwehrt, seine Entscheidung zu korrigieren.[34] Sie müssen in Fällen, die vom Wortlaut einer Strafnorm nicht mehr gedeckt sind, zum Freispruch gelangen und dürfen nicht korrigierend eingreifen.[35] Dies gilt auch dann, wenn infolge des Bestimmtheitsgebots besonders gelagerte Einzelfälle aus dem Anwendungsbereich eines Strafgesetzes herausfallen, obwohl sie ähnlich strafwürdig erscheinen mögen wie das pönalisierte Verhalten. Es ist dann Sache des Gesetzgebers zu entscheiden, ob er die Strafbarkeitslücke bestehen lassen oder durch eine neue Regelung schließen will.[36] Aus dem Erfordernis gesetzlicher Bestimmtheit folgt anerkanntermaßen ein Verbot analoger oder gewohnheitsrechtlicher Strafbegründung. Dabei ist „Analogie" nicht im engeren technischen Sinn zu verstehen; ausgeschlossen ist vielmehr jede Rechtsanwendung, die – tatbestandsausweitend – über den Inhalt einer gesetzlichen Sanktionsnorm hinausgeht, wobei der mögliche Wortlaut als äußerste Grenze zulässiger richterlicher Interpretation aus der Sicht des Normadressaten zu bestimmen ist.[37]

---

[30] Siehe zur Entwicklung des Untreuetatbestandes im Einzelnen auch BVerfG v. 23.06.2010, 2 BvR 2559/08 u.a., AbsatzNr. 6 ff. Dort wird auch auf den Einfluss der nationalsozialistischen Gesetzgebung auf die aktuelle Fassung des Straftatbestandes eingegangen.

[31] Zu seiner Bedeutung für Ärzte *Ulsenheimer*, in: Laufs/Kern (Hrsg.), Handbuch des Arztrechts, 4. Aufl. 2010, § 151 Abrechnungsbetrug m. w. N.

[32] RGSt 69, 58 (62).

[33] BVerfGE 71, 108 (116); 92, 1 (19).

[34] BVerfGE 92, 1 (13).

[35] BVerfGE 64, 389 (393).

[36] BVerfGE 92, 1 (13).

[37] Ständige Rechtsprechung, vgl. BVerfGE 71, 108 (115); 82, 236 (269); 92, 1 (12).

Soweit es nach der Rechtsprechung des Bundesverfassungsgerichts in Grenzfällen ausnahmsweise genügt, dass lediglich das Risiko einer Bestrafung erkennbar ist,[38] trägt dies der Unvermeidbarkeit von Randunschärfen Rechnung. Verfassungsrechtliche Bedenken, die die Weite eines Tatbestands (-merkmals) bei isolierter Betrachtung auslösen müsste, können zudem durch weitgehende Einigkeit über einen engeren Bedeutungsinhalt, insbesondere durch eine gefestigte höchstrichterliche Rechtsprechung, entkräftet werden.[39]

Das Bundesverfassungsgericht hat darüber hinaus in seinem Beschluss zum Untreuetatbestand vom Juni 2010 Grundsätze für Norminterpretation und -anwendung von weit gefassten Straftatbeständen entwickelt. Danach dürfen die Gerichte „nicht durch eine fernliegende Interpretation oder ein Normverständnis, das keine klaren Konturen mehr erkennen lässt, dazu beitragen, bestehende Unsicherheiten über den Anwendungsbereich einer Norm zu erhöhen, und sich damit noch weiter vom Ziel des Art. 103 Abs. 2 GG entfernen. Andererseits ist die Rechtsprechung gehalten, verbleibende Unklarheiten über den Anwendungsbereich einer Norm durch Präzisierung und Konkretisierung im Wege der Auslegung nach Möglichkeit auszuräumen (Präzisierungsgebot). Besondere Bedeutung hat diese Pflicht bei solchen Tatbeständen, die der Gesetzgeber im Rahmen des Zulässigen durch Verwendung von Generalklauseln verhältnismäßig weit und unscharf gefasst hat. Gerade in Fallkonstellationen, in denen der Normadressat nach dem gesetzlichen Tatbestand nur noch die Möglichkeit einer Bestrafung erkennen kann und in denen sich erst aufgrund einer gefestigten Rechtsprechung eine zuverlässige Grundlage für die Auslegung und Anwendung der Norm gewinnen lässt, trifft die Rechtsprechung eine besondere Verpflichtung, an der Erkennbarkeit der Voraussetzungen der Strafbarkeit mitzuwirken. Sie kann sich auch in über die allgemeinen Grundsätze des Vertrauensschutzes hinausgehenden Anforderungen an die Ausgestaltung von Rechtsprechungsänderungen niederschlagen." [40]

Unter Berücksichtigung dieser strengen Vorgaben für die Rechtsanwendung hat das Bundeserfassungsgericht festgestellt, dass „der Untreuetatbestand in seiner geltenden Fassung mit dem Bestimmtheitsgebot des Art. 103 Abs. 2 GG noch zu vereinbaren ist."[41]

Im vorliegenden Zusammenhang ist eine weitere Passage der Entscheidungsgründe von besonderem Interesse, in der detailliert auf die einzelnen

[38] BVerfGE 48, 48 (56 f.); 92, 1 (12).
[39] Vgl. BVerfGE 26, 41 (43); 87, 209 (226 f.); 92, 1 (18).
[40] BVerfG (Fn. 30), AbsatzNr. 81.
[41] BVerfG (Fn. 30), AbsatzNr. 85.

Tatbestandsmerkmale des Untreuetatbestandes eingegangen und dabei vor allem das Verhältnis zwischen Nachteilsmerkmal und Pflichtwidrigkeitsmerkmal beleuchtet wird. Dazu heißt es in dem Beschluss an der entscheidenden Stelle:

„Im Falle des Nachteilsmerkmals muss die Auslegung den gesetzgeberischen Willen beachten, dieses Merkmal als selbständiges neben dem der Pflichtverletzung zu statuieren; sie darf daher dieses Tatbestandsmerkmal nicht mit dem Pflichtwidrigkeitsmerkmal verschleifen, das heißt, es in diesem Merkmal aufgehen lassen [...]. Deswegen und um das Vollendungserfordernis zu wahren, sind eigenständige Feststellungen zum Vorliegen eines Nachteils geboten. Von einfach gelagerten und eindeutigen Fällen – etwa bei einem ohne weiteres greifbaren Mindestschaden – abgesehen, werden die Strafgerichte den von ihnen angenommenen Nachteil der Höhe nach beziffern und dessen Ermittlung in wirtschaftlich nachvollziehbarer Weise in den Urteilsgründen darlegen müssen.

Eine gebotene konkrete Ermittlung des Nachteils darf insbesondere nicht aus der Erwägung heraus unterbleiben, dass sie mit praktischen Schwierigkeiten verbunden ist. Wenn und soweit in der wirtschaftlichen Praxis geeignete Methoden zur Bewertung von Vermögenspositionen entwickelt worden sind, müssen die Gerichte diese – gegebenenfalls über die Hinzuziehung eines Sachverständigen – auch ihrer Beurteilung zugrunde legen. Dabei geht es darum, die Schadensfeststellung auf eine sichere Grundlage zu stellen, sie rational nachvollziehbar zu machen und sich zu vergewissern, ob im Einzelfall eine hinreichend sichere Grundlage für die Feststellung eines Vermögensnachteils überhaupt existiert oder ob man sich in einem Bereich bewegt, in dem von einem zahlenmäßig fassbaren Schaden noch nicht die Rede sein kann. Soweit Unsicherheiten verbleiben, ist unter Beachtung des Zweifelssatzes der (Mindest-)Schaden im Wege der Schätzung zu ermitteln (...).

Normative Gesichtspunkte können bei der Feststellung eines Nachteils durchaus eine Rolle spielen. Sie dürfen aber, soll der Charakter der Untreue als Vermögensdelikt und Erfolgsdelikt bewahrt bleiben, wirtschaftliche Überlegungen nicht verdrängen.“[42]

Demnach darf der Untreuetatbestand nicht seines Charakters als Vermögensdelikt entkleidet und alleine zur Ahnung einer Pflichtverletzung instrumentalisiert werden. Man wird diesen Gesichtspunkt auch auf andere Vermögensdelikte, insbesondere den Betrug, übertragen können und müssen.

---

[42] BVerfG (Fn. 30), AbsatzNr. 113 ff.

III. Anforderungen des Verfassungsrechts an das „Zusammenwirken" von Normen unterschiedlicher Teilrechtsgebiete

1. Das Verhältnis des Strafrechts zum Vertragsarztrecht

Es gehört zum Wesen des Strafrechts, dass es in den meisten Fällen[43] an rechtliche Wertungen, genauer: Unrechtsurteile anderer Teilrechtsordnungen anknüpft. [44] Insoweit ist es grundsätzlich unproblematisch, dass auch die Rechtsbeziehungen von Ärzten zu den Sozialversicherungsträgern bzw. Kassenärztlichen Vereinigungen bei der Anwendung der allgemeinen Tatbestände des Wirtschaftsstrafrechts (§§ 263, 266 StGB) sowie des Korruptionsstrafrechts (§§ 299, 331 StGB) berücksichtigt werden.

Knüpft das Strafrecht mit Blankettnormen oder allgemein gefassten Tatbeständen wie bei Betrug und Untreue an die rechtlichen Wertungen anderer Rechtsgebiete an, so kommt es entscheidend darauf an, wie diese Anknüpfung im Einzelnen ausgestaltet ist. Dazu muss insbesondere nach den Kriterien gefragt werden, die im Rahmen der Strafnorm strafbegründenden Charakter besitzen.

Soll durch eine Strafnorm, wie beim verwaltungsakzessorischen Umweltstrafrecht, jeder Verstoß gegen die in Bezug genommene Umweltrechtsnorm sanktioniert werden, weil auch jeder Verstoß eine Umweltgefährdung bedeutet, so kann ohne eine weitere eigenständige Wertung des Strafrechts an den umweltrechtlichen Befund angeknüpft werden.

Im Fall des Vertragsarztrechts ist deshalb zu klären, ob auch in diesem Bereich eine „streng formale Betrachtungsweise", wie sie u.a. der BGH[45] in seiner Rechtsprechung entwickelt hat, den verfassungsrechtlichen Bestimmtheitsanforderungen genügt, wie es in einem Kammerbeschluss des Bundesverfassungsgerichts angenommen wurde.[46]

2. Wertungsakzessorietät zum Sozialversicherungsrecht oder eigenständige Wertung des Wirtschaftsstrafrechts

Die Regelungen des Vertragsarztrechts dienen verschiedenen Zwecken, die auf ganz unterschiedliche Grobziele ausgerichtet sind und deshalb in un-

[43] Eine Ausnahme bildet z.B. der Tatbestand der unterlassenen Hilfeleistung des § 323c StGB, der die Pflicht zur Hilfeleistung selbst begründet.

[44] *Appel*, (Fn. 2), S. 433 ff.: Trennung von Verhaltens- und Sanktionsnorm.

[45] BGH, NStZ 1995, 85 ff.; NStZ 1995, 85 (86); NJW 2003, 1198 ff.

[46] BVerfG (K), NJW 1998, 810.

terschiedlicher Art und Weise möglicher Bezugspunkt akzessorischer strafrechtlicher Inbezugnahmen sind bzw. sein können.

An erster Stelle dient das Vertragsarztrecht der Sicherstellung einer flächendeckenden Versorgung der Versicherten mit Gesundheitsdienstleistungen. Diese Aufgabe ist institutionell vorrangig den Kassenärztlichen Vereinigungen[47] zugewiesen[48], während den Trägern der Gesetzlichen Krankenversicherung insoweit durch § 72a SGB V eine Reservefunktion zufällt. Diese Funktionsebene ist nicht primär durch wirtschaftliche Zielsetzungen geprägt.

Das Vertragsarztrecht dient zudem vor dem Hintergrund eines ständigen steigenden Leistungsspektrums, einer alternden Bevölkerung und eines Rückgangs der Zahl der erwerbstätigen und damit vollen Beitragszahler der Etablierung einer möglichst effizienten Allokationsordnung.[49] Eine solche Allokationsordnung hat den Zweck, den Marktzugang konkurrierender Leistungserbringer transparent und fair zu ordnen, damit durch einen lebendigen Leistungswettbewerb auch die Wirtschaftlichkeitsinteressen[50] der Gesamtgesellschaft bzw. der Beitragszahler gewahrt werden können.[51] Zusammen mit den hoheitlichen Steuerungsinstrumenten der Bedarfsplanung und Zulassungsbeschränkung kommt dem Vertragsarztrecht insoweit auch eine potente ökonomische Grundfunktion für den Gesundheitsmarkt zu.

Schließlich dienen wesentliche Regelungen des Vertragsarztrechts der Qualitätssicherung und dem Patientenschutz.[52] Das betrifft insbesondere die Weiterbildungspflichten der Vertragsärzte.

Anders als im Fall des Umweltstrafrechts, für das der Gesetzgeber einen eigenen Abschnitt im Strafgesetzbuch geschaffen hat, fehlt es in Bezug auf das ärztliche Handeln an besonderen Straftatbeständen im Strafgesetzbuch.[53] Hinzu kommen die speziellen berufsrechtlichen Straftatbestände.[54]

Vor diesem Hintergrund kommt es bei der Anwendung der allgemeinen Straftatbestände des Strafgesetzbuchs auf ärztliches Handeln darauf an, dass die eigenständigen, die Strafwürdigkeit begründenden Merkmale der

---

[47] Zu ihren Aufgaben näher *Kluth*, MedR 2003, 123 ff.

[48] Siehe § 72 SGB V.

[49] Zu dieser Sichtweise vertiefend *Rixen*, Sozialrecht als öffentliches Wirtschaftsrecht, 2005, S. 59 ff.

[50] Zu deren wachsender Bedeutung (kritisch) *Kluth*, MedR 2005, 65 ff.

[51] Dazu näher *Rixen*, (Fn. 49), S. 223 ff. Zur (geringen) Bedeutung von Mitwirkungspflichten der Versicherten in diesem Zusammenhang *Kluth/Bauer*, VSSR 2010, 341 ff.

[52] Dazu näher *Gstöttner*, Der Schutz von Patientenrechten durch verfahrensmäßige und institutionelle Vorkehrungen sowie den Erlass einer Charta der Patientenrechte, 2005.

[53] Besondere Tatbestände finden sich punktuell im Nebenstrafrecht u.a. des ESchG und des TPG.

[54] Dazu *Reiermann*, (Fn. 12), S. 63 ff.

jeweiligen Strafnorm vorliegen. Eine allgemeine Anknüpfung an berufsrechtliche Verstöße, d. h. eine reine Pflichtwidrigkeit, reicht nicht aus. Deshalb bestehen entgegen der in einem Kammerbeschluss aus dem Jahr 1997 geäußerten Ansicht[55] unter Berücksichtigung der neueren Entscheidung zur Untreue auch verfassungsrechtliche Bedenken gegenüber der von Teilen der Rechtsprechung praktizierten streng formalen Betrachtungsweise im Bereich des Abrechnungsbetrugs.

IV. Schlussfolgerungen

Das Verfassungsrecht eröffnet dem Gesetzgeber im Bereich des Strafrechts die Möglichkeit, durch allgemein gefasste Tatbestände auf Pflichtverletzungen im Bereich anderer Teilrechtsordnungen Bezug zu nehmen. Die in Art. 103 Abs. 2 GG verankerte Pflicht, ausreichend bestimmte Straftatbestände zu erlassen, steht dem grundsätzlich nicht entgegen. Deshalb können auch Verstöße im Bereich des ärztlichen Berufsrechts und des Vertragsarztrecht eine strafrechtliche Verantwortlichkeit durch Tatbestände des Wirtschaftsstrafrechts begründen. Die vom Bundesverfassungsgericht in seiner Entscheidung zum Untreuetatbestand entwickelten Anforderungen lassen aber erkennen, dass die bloße Bezugnahme auf einen Pflichtenverstoß in einem anderen Rechtskreis nicht ausreicht, um eine Strafbarkeit wegen Untreue zu begründen. Vielmehr muss den eigenständigen Wertungen des Straftatbestandes im Hinblick auf das Erfordernis eines wirtschaftlichen Schadens hinreichend Rechnung getragen werden. Vor diesem Hintergrund muss auch die Rechtsprechung zur „streng formalen Betrachtungsweise" im Bereich des Abrechnungsbetrugs erneut überprüft werden. Das gleiche gilt für die Annahme einer Vermögensbetreuungspflicht von Vertragsärzten im Verhältnis zur Gesetzlichen Krankenversicherung bzw. Kassenärztlichen Vereinigung, wie sie in Teilen der Rechtsprechung zugrunde gelegt wird.[56]

---

[55] BVerfG (K), NJW 1998, 810.

[56] Dazu kritisch *Ulsenheimer*, MedR 2005, 622 ff.

Einbecker Empfehlungen der DGMR zu unerwarteten und unerwünschten Strafbarkeitsrisiken in der vertragsärztlichen Berufsausübung

Die Deutsche Gesellschaft für Medizinrecht (DGMR) e.V. hat vom 22. bis 24.10.2010 ihren 13. Einbecker Workshop unter dem Titel

„Der Arzt im Wirtschaftsstrafrecht – Unerwartete und unerwünschte Strafbarkeitsrisiken in der vertragsärztlichen Berufsausübung"

durchgeführt. Als Tagungsergebnis wurden die nachfolgenden Empfehlungen verabschiedet:

I. Definitionen

1. Der Vertragsarzt in Klinik und Praxis gerät zunehmend in strafrechtlich relevante Konfliktsituationen, die sich für ihn als „***unerwartet***" darstellen. In solchen Situationen rechnet er nicht damit, dass sein Handeln auch spezifisch strafrechtlichen Anforderungen gerecht werden muss. Diesem Umstand kommt insofern Relevanz zu, als der Straftäter nicht nur alle Sachverhaltsumstände kennen, sondern er zudem „Bedeutungskenntnis" haben muss. Der Arzt muss also durch eine „Parallelwertung in der Laiensphäre" die Bedeutung der Umstände nachvollziehen können, die eine Strafbarkeit begründen.

2. Daneben sind Konfliktsituationen des ärztlichen Berufsalltags auszumachen, in denen entgegen der höchstrichterlichen Rechtsprechung fraglich ist, ob das jeweilige ärztliche Handeln strafbar ist bzw. in Anbetracht des Gesetzes-/Strafzwecks überhaupt strafbar sein sollte. Die extensive Ausdehnung der Straftatbestände durch die Rechtsprechung führt insofern zu „***unerwünschten***" Strafbarkeitsrisiken. Eine solche Überdehnung der Straftatbestände ist auch nicht erforderlich, da andere geeignete Sanktionierungsmöglichkeiten im Bereich der ärztlichen Selbstverwaltung bestehen.

II. Sozialversicherungsrechtliche und berufsrechtliche Aspekte

Mit dem Vertragsarztrechtsänderungsgesetz und der ihm nachfolgenden Gesetzgebung und untergesetzlichen Normsetzung sind die tatsächlichen und rechtlichen Strukturen und Voraussetzungen der Berufsausübung der im Bereich der GKV tätigen Ärzte erheblich erweitert worden. Dies gilt namentlich für die stärkere Verzahnung der ambulanten und stationären Versorgungsbereiche und für die Gestaltungs- und Kooperationsmöglichkeiten in der ärztlichen Berufsausübung sowie der damit verbundenen abrechnungstechnischen Intransparenz und erhöhten Fehleranfälligkeit. Diese differenzierten und komplexen Rechtsrahmenbedingungen werfen viele zum Teil ungeklärte und im Einzelnen umstrittene Rechtsfragen auf.

1. Es empfiehlt sich daher, diese Rechtsrahmenbedingungen insgesamt wieder zu vereinfachen und für die Beteiligten transparenter zu machen und damit für eine rechtssichere Basis der ärztlichen Berufsausübung im Bereich der GKV zu sorgen. Dies gilt namentlich für die Voraussetzungen der Zulassung zur Teilnahme an der vertragsärztlichen Versorgung, für Anstellungsmöglichkeiten und für die Abrechnung vertragsärztlicher Leistungen.

2. Die zuständigen ärztlichen Selbstverwaltungskörperschaften, wie Ärztekammern, Kassenärztliche Vereinigungen und Krankenkassen, sollten zu den im Einzelnen rechtlich strittigen Rechtsfragen Klarstellungen vornehmen, damit sich die Ärzte im Bereich der GKV an diesen Handlungsempfehlungen rechtssicher orientieren können und damit etwaigen Sanktionen entgehen.

3. Gleichzeitig wird empfohlen, in das Curriculum des Studiums der Human- und Zahnmedizin sowie in die Fort- und Weiterbildung der Ärzte, insbesondere im Hinblick auf eine Tätigkeit im Bereich der GKV, eine intensive Vermittlung der maßgeblichen Rechtsrahmenbedingungen der ärztlichen Berufsausübung als Pflichtfach aufzunehmen. Die Zulassung zur Teilnahme an der vertragsärztlichen Versorgung sollte – wie bereits im vertragszahnärztlichen Bereich – vom Nachweis einer erfolgreichen Teilnahme an einer entsprechenden Schulungsmaßnahme abhängen, welche für zulassungswillige Ärzte von den zuständigen Kassenärztlichen Vereinigungen anzubieten ist. Insoweit ist eine wechselseitige An-

erkennung der Schulungsmaßnahmen unter den Kassenärztlichen Vereinigungen sicherzustellen.

4. Der freiberuflich und eigenverantwortlich tätige Vertragsarzt versteht sich in Übereinstimmung mit der ärztlichen Berufsordnung zu Recht in erster Linie als Sachwalter der Gesundheitsinteressen seiner Patienten. Wenngleich ihm im Bereich der GKV in öffentlich-rechtlicher Hinsicht durch die Vorgaben des Sozialversicherungsrechts Beschränkungen (z.B. Wirtschaftlichkeitsgebot, Zulassungskriterien) auferlegt sind, ist er im Regelfall mangels bestehender Vertragsbeziehungen nicht „Vertreter" oder „Beauftragter" der gesetzlichen Krankenkassen.

5. Die Prüfung eines Anfangsverdachtes nach § 81a Abs. 4 SGB V durch die Kassenärztlichen Vereinigungen muss immer auch subjektive Umstände umfassen. Unterliegt der Arzt danach einem Tatbestandsirrtum (§ 16 StGB), weil er z.B. die objektive Unrichtigkeit einer vertragsärztlichen Abrechnung nicht kennt, handelt er nur fahrlässig und erfüllt damit keinen vermögensrechtlichen Straftatbestand. In diesen Fällen bestehen kein Anfangsverdacht und damit keine Befugnis der Kassenärztlichen Vereinigung zur Unterrichtung der Staatsanwaltschaft. Der Vorwurf einer Strafvereitelung nach § 258 StGB durch unterbliebene Unterrichtung der Staatsanwaltschaft ist in diesen Fällen unbegründet.

6. In den Prüfungsverfahren der Kassenärztlichen Vereinigungen hat der Vertragsarzt umfassende, mit Zwangsmitteln durchsetzbare Offenbarungs- und Auskunftspflichten gegenüber der Kassenärztlichen Vereinigung. Soweit er sich im Rahmen dieses Auskunftsverlangens selbst belastet, besteht ein verfassungsrechtlich abgesichertes absolutes Beweisverwendungsverbot (nemo tenetur). In dieser Weise offenbarte Tatsachen dürfen weder bei der Prüfung des Anfangsverdachts von der Kassenärztlichen Vereinigung noch in einem Strafverfahren berücksichtigt werden. Anderweitig erlangte Erkenntnisse bleiben davon unberührt.

III. Strafrechtliche und verfahrensrechtliche Aspekte

Die strafrechtliche Bewertung knüpft an die sozialversicherungsrechtlichen Erkenntnisse und Maßgaben an und macht diese zum Gegenstand einer eigenständigen Bewertung.

1. Eine Strafbarkeit des Vertragsarztes nach § 299 StGB (Bestechung und Bestechlichkeit im geschäftlichen Verkehr) scheidet deshalb tatbestandlich aus, weil der Vertragsarzt kein „Beauftragter" der gesetzlichen Krankenkassen ist, s.o. Ziffer II. 4.

2. Eine Strafbarkeit des Vertragsarztes nach § 266 StGB (Untreue) kommt nur bei Vorliegen einer Vermögensbetreuungspflicht des Vertragsarztes in Betracht, was in den Einzelheiten streitig ist. Jedenfalls folgt nicht aus jedem Verstoß gegen das Wirtschaftlichkeitsgebot des Sozialversicherungsrechts eine Strafbarkeit wegen Untreue.

3. Da der Vertragsarzt im Übrigen aber regelmäßig kein Bewusstsein für die von der Rechtsprechung vorgenommene Zuweisung in das Lager der Krankenkasse hat, kann es ihm auch an einem Bewusstsein für die aus diesem (behaupteten) Näheverhältnis entspringenden Pflichten fehlen. In diesen Fällen kann er einem schuldausschließenden Verbotsirrtum nach § 17 StGB unterliegen.

4. Sowohl im Hinblick auf den Straftatbestand der Untreue, § 266 StGB, als auch der Angestelltenbestechung, § 299 StGB, ist zudem eine sorgfältige Prüfung der subjektiven Tatseite unerlässlich, um der extensiven Anwendung dieser ohnehin in ihren Grenzen und Voraussetzungen vagen und verschwommenen Delikte entgegenzutreten. Abgesehen von den in der Rechtsprechung hierzu anzutreffenden sozialrechtlich unzureichenden Begründungen bieten Berufs- und Heilmittelwerberecht eine ausreichende Handhabe gegen unzulässige Einflussnahmen auf die vertragsärztlichen Verordnungsentscheidungen, so dass es einer zusätzlichen strafrechtlichen Ahndung auch nicht bedarf.

5. Es wird nachdrücklich empfohlen, die streng formale Betrachtungsweise zur Frage des Vorliegens eines Vermögensschadens im Bereich des Sozialversicherungsrechts nicht auf die strafrechtliche Beurteilung des Betrugstatbestands nach § 263 StGB zu übertragen. § 263 StGB schützt nur das Vermögen. Eine Ausweitung der Schutzrichtung dieses Straftatbe-

stands ist weder rechtsdogmatisch zulässig noch rechtspolitisch erforderlich. § 263 StGB ist kein Tatbestand des „Sozialversicherungsbetrugs", der neben den allgemeinen Vermögensinteressen der Versichertengemeinschaft auch noch deren weitergehende, sozialpolitische Interessen schützt. Die Sanktionierung von anderen Schutzgütern als dem Vermögen durch § 263 StGB ist daher rechtswidrig.

6. In den Fällen der medizinisch lege artis erbrachten vertragsärztlichen Leistungen liegt ein Vermögensschaden im Sinne des Betrugs- und Untreuetatbestandes nicht allein deshalb vor, weil gegen Ordnungsvorschriften des Vertragsarztrechts, z.B. die Ärzte-Zulassungsverordnung, verstoßen wurde.

7. Mit dem in die Diskussion um den Vertragsarztabrechnungsbetrug eingeführten Begriff des **„leistungsbezogenen Schadenselements"** wird auf die Grundlagen der Schadensermittlung beim Anstellungsbetrug zurückgegriffen. Die Qualifikation dessen, der die Leistung erbringt, zählt zu den wertbildenden Faktoren.

   Ein Vermögensschaden im Sinne von § 263 StGB ist daher in den Fällen der **Scheingesellschaft** (unechte Gemeinschaftspraxis) und der **Strohmannfälle** (Leistungserbringung durch nicht zugelassenen Arzt – Abrechnung durch Vertragsarzt) nicht zwingend gegeben. Dies gilt gleichermaßen für die Fälle der **Delegation** ärztlicher Leistungen, wenn es dabei durch die Verlagerung auf den Delegationsempfänger nicht zur Erbringung einer qualitativ minderwertigen Leistung kommt. Ein leistungsbezogener Vermögensschaden kann indes in den Fällen angenommen werden, in denen die Leistungsdurchführung gerade von einer besonderen Qualifikation des Leistenden abhängt.

8. Bei objektiven unerwarteten Rechtsverstößen gegen zulassungsrechtliche und abrechnungsrechtliche Regelungen des Vertragsarztrechts, die keinen Vermögensschaden im strafrechtlichen Sinne darstellen, bestehen auch keine Sanktionslücken. Hierzu stehen Maßnahmen nach den Disziplinarordnungen der Kassenärztlichen Vereinigungen ebenso zu Verfügung wie die berufsgerichtlichen Verfahren der Ärztekammern, denen in diesem Zusammenhang eine stärkere Beachtung geschenkt werden sollte.

9. Es wird empfohlen, bei den Staatsanwaltschaften wegen der spezifischen Fragestellungen des Vertragsarztrechts und des sonstigen Rechts der ärztlichen Berufsausübung besondere Fachabteilungen einzurichten. Die zuständigen Staatsanwaltschaften und Polizeibehörden sollten im Rahmen ermittlungsnotwendiger Eingriffe in die Berufs- und Privatsphäre betroffener Ärzte die Besonderheiten des Vertrauensverhältnisses zwischen Arzt und Patient stärker berücksichtigen.

Einbeck, im Oktober 2010 Das Präsidium der DGMR e.V.

Kolibri 360 GmbH
Ferdinand-Jühlke-Straße 7
99095 Erfurt, Deutschland
produktsicherheit@kolibri360.de